重庆市教委 2023 年高等教育教学改革研究项目：习近平总书记关于……作的重要思想融入高校思政课教学研究，课题编号：233546。

重庆市教育委员会 2023 年普通本科高校外语教育教学改革专项研究重大项目：基于《习近平谈治国理政》"三进"工作实践的语言特色类院校人才培养体系创新研究。

新时代大学生思想政治教育
与教学实践路径探索

王　珲◎著

北京燕山出版社

图书在版编目（CIP）数据

新时代大学生思想政治教育与教学实践路径探索 /
王珲著 . -- 北京 : 北京燕山出版社 , 2023.10
ISBN 978-7-5402-7185-5

Ⅰ . ①新… Ⅱ . ①王… Ⅲ . ①大学生－思想政治教育
－研究－中国 Ⅳ . ① G641

中国国家版本馆 CIP 数据核字 (2024) 第 017166 号

新时代大学生思想政治教育与教学实践路径探索

著者：王珲
责任编辑：郭扬
封面设计：张肖
出版发行：北京燕山出版社有限公司
社址：北京市西城区椿树街道琉璃厂西街 20 号
邮编：100052
电话：86-10-65240430（总编室）
印刷：天津和萱印刷有限公司
成品尺寸：170 mm × 240 mm
字数：200 千字
印张：10.5
版别：2024 年 5 月第 1 版
印次：2024 年 5 月第 1 次印刷
ISBN：978-7-5402-7185-5
定价：62.00 元

作者简介

王珲，女，苗族，1981年8月生，重庆人，毕业于西南大学，发展与教育心理学硕士。重庆外语外事学院"渝州学者"，副教授，研究方向为高校思想政治教育。校级思想政治教育方向学术带头人、高校立德树人教育实践创新研究所负责人、高校思想政治理论课实践创新教学团队负责人、新时代民办高校思想政治教育工作创新团队负责人。承担《思想道德与法治》《中国近现代史纲要》《心理健康教育》等课程教学工作。主持主研省部级教学科研项目6项、省部级横向课题1项、校级教学科研项目3项。编著教材3部，发表相关学术论文20余篇。曾获得全国民办高校优秀辅导员、重庆市高校优秀辅导员、重庆外语外事学院优秀思想政治教育工作者、重庆外语外事学院优秀学生工作者、重庆外语外事学院优秀党员等荣誉称号。

前　言

　　"青年是社会中最有生气、最有闯劲、最少保守思想的群体，蕴含着改造客观世界、推动社会进步的无穷力量，……，新时代的中国青年，更加自信自强、富于思辨精神，同时也面临各种社会思潮的现实影响"。因此，必须不断巩固和加强青年思想政治工作，"用党的科学理论武装青年，用党的初心使命感召青年，用党的光辉旗帜指引青年，用党的优良作风塑造青年"，这是中国共产党青年思想政治工作百年实践的重要内容，是党和国家事业薪火相传、红色江山永不变色的必然要求。中国共产党从成立的那一天起，便十分重视青年的思想政治教育工作。党的二十大报告明确指出："全党要把青年工作作为战略性工作来抓"。2022年5月10日，在庆祝中国共产主义青年团成立100周年大会上的讲话中，习近平总书记也专门提到"过去、现在、将来青年工作都是党的工作中一项战略性工作"。两次讲话，体现出党中央一以贯之重视青年工作和对青年工作重要战略地位的高度共识。

　　立德树人是高校的立身之本，也是开展大学生思想政治教育工作的重要遵循。育人先育德，无论教育、教师还是教学，最终目标是要培养担当民族复兴大任的时代新人。通过思想政治教育让大学生接受马克思主义理论知识和思想，帮助他们了解历史发展的规律，树立正确的价值观，形成对社会发展和国家建设的使命感，成为有助于社会主义现代化建设的高素质人才。本书作者自2006年8月硕士研究生毕业后，一直奋斗在重庆外语外事学院思想政治教育工作的一线，曾先后担任过专职辅导员、思想政治理论课教师、思想政治教育管理工作者等职务。呈现在读者面前的这本专著，是笔者在高校思想政治教育领域十余年研究与实践的深度沉思，旨在探讨如何有效地将大学生思想政治教育与教学实践相结合，如何创新思想政治教育的内容和方法，以更好地适应新时代大学生的成长需求和社会发展的要求。

本书第一章为大学生思想政治教育概述，分别介绍了三个方面的内容，依次为大学生思想政治教育的概念、大学生思想政治教育的特征、大学生思想政治教育的意义；第二章为新时代大学生思想政治教育队伍建设，主要介绍了思想政治教育管理队伍建设、思想政治教育专任教师队伍建设、班主任与辅导员队伍建设等内容；第三章为新时代大学生思想政治教育现状，主要内容包括新时代大学生思想政治教育的挑战、新时代大学生思想政治教育的机遇、新时代大学生思想政治教育的对策；第四章为新时代大学生思想政治教育实践路径选择，主要介绍了思想政治教育的课堂实践路径、思想政治教育的社会实践路径、思想政治教育的文化建设路径三个方面的内容；第五章为大学生思想政治教育教学创新研究，介绍了四个方面的内容，依次为教学模式与教学体系的创新探索、教学方法与教师能力的创新探索、传统文化与教育教学的融合探索、思政课程与课程思政的协同育人探索；第六章为网络时代下思想政治教育教学模式构建，主要介绍了网络时代下思想政治教育教学模式构建的机制、网络时代下思想政治教育教学模式的外在支撑两个方面的内容。

在撰写本书的过程中，得到了许多专家学者的帮助和指导，参考了大量的学术文献，在此表示真诚的感谢！由于作者水平有限，加之时间仓促，本书难免存在一些疏漏，在此，恳请同行专家和读者朋友批评指正！

王　珲

2023 年 4 月

目录

第一章 大学生思想政治教育概述

本章为大学生思想政治教育概述，主要从三个方面进行阐述，分别为大学生思想政治教育的概念、大学生思想政治教育的特征、大学生思想政治教育的意义。

第一节 大学生思想政治教育的概念

思想政治教育旨在帮助人们形成正确的思想价值观和思维方式。思想政治学的主要研究范围是人思想行为的形成和变化规律，以及思想政治教育的实施规律。大学生思想政治教育旨在加强学生的思想政治觉悟、道德伦理觉悟、法治觉悟和社会责任感，培养合格的社会主义建设者和接班人。

一、大学生思想政治教育的实施者和接受者

高校作为思想文化建设和人才培养的重要场所，在国家经济社会发展全局中居于重要地位，高校思想政治教育工作更是高校建设的生命线。当前，高校所处的内外环境复杂多变，界定高校思想政治教育的实施者和接受者，进而把握实施的方式，成为高校思想政治工作的基础内容之一。

（一）实施者

大学生思想政治教育的主要实施者是高校思想政治课教师和相关教育人员，他们的主要任务是从事一线思想政治教育工作，帮助学生塑造人格、培养科学的思维习惯，保证"两个文明"的基础建设工作。在思想政治教育工作中，教育者占据主导地位，要积极发挥正面引导作用。教育者必须以社会的主流思想体系、

社会道德规范和政治观念为核心进行思想政治教育工作。受教育者在学习中的积极性和主动性能否发挥出来，决定了思想政治教育工作能否顺利进行并完成预期的目标，这种积极性和主动性能否发挥出来又是由教育者的引导和激发来决定的。因此，教育者进行思想政治教育工作就是通过多种方式调动和激发受教育者的学习主动性和积极性，从而达到教学目的的过程。

作为思想政治教育工作的主体，教师必须通过不断学习来提升自己的思想政治素质，积极参与教育和思想政治研究工作，提高理论和教育实践水平；不断转变自己的教育教学思维，更新思想观念，树立正确的市场观、竞争观、开拓观和创新观，这样才能达到思想政治教育的目的。同时，思想政治教师还要准确把握大学生的思想特征，据此开展思想政治教育，这样才能让思想政治教育更具针对性和实效性，真正帮助大学生正确评价自我，发挥学习的主动性和积极性，形成正确的世界观、人生观和价值观，并在学习和生活实践中积极践行。

（二）接受者

思想政治教育的接受者，就是在思想政治教育过程中的知识接收者和被教育者，大学生思想政治教育中的接受者就是高等院校的所有在校大学生。在思想政治教育中，大学生一般展现出以下特征。

1. 思想具有社会性

大学生的思想状态是在社会的影响下形成的，社会上的种种现象、一些重大事件、热点问题等都会对大学生的思想和行为产生影响。

2. 认知具有能动性

大学生的主观能动性、积极性和创造性十分强烈，他们在思想政治教育工作中具有主动选择的倾向，这是由他们的个性与自我认知的状态所决定的。

3. 身心的可变性

大学生的生理和心理还未完全成熟，具有很大的可塑性。

（三）实施者和接受者的关系

大学生在接触思想政治相关知识时，通常会从主观角度出发进行分析，这种主观性十分矛盾，容易导致大学生出现选择和摇摆。因此，教育者必须要对大学生的思想特征有足够的了解，掌握社会思潮对大学生思想和行为的影响，才能让思想政治教育更具针对性和实效性。

无论是在教育理论还是教育实践中，教育者都处于主体地位并发挥主导作用，受教育者则处于客体地位，要服从教育者的教育教学安排，但是在思想政治教育中，主体和客体并不是对立关系。如果教育实施者过分强调自己的权威性，虽然能够在一定程度上保证思想政治教育工作的完整性和系统性，但是如果大学生处于完全的被动地位，就无法发挥学习的主观能动性，对思想政治教育的理解和知识学习也只停留在表面，不利于大学生思想政治教育知识的内化。同样，若是过分强调大学生在思想政治教育过程中的核心地位，虽然有利于大学生学习主动性和积极性的发挥，能够培养和锻炼学生的自我评价、自我分析和自我选择的能力，但是教育者无法发挥主导作用。这种教育方式可能会导致学生自我意识的膨胀，如果处理不当还会使学生受到外界负面因素的影响，进而对思想政治教育的意义和作用产生错误的认知，甚至否定思想政治教育的意义和教育的整体方向。思想政治教育是师生进行交流与互动的双向过程，教师的主体地位与受教育者的客体地位同等重要，思想政治教育在保证教师主导作用的同时，也应强调学生能动性的发挥。事实上，教育者主导性完整发挥的一个表现就是受教育者在教育中保持较高的主动性、积极性和创造性。也就是说，教师的主导地位的建立是在学生主观能动性充分发挥的基础之上，教师主导作用的实现也必然会激发学生主观能动性的发挥。在教育过程中，主体主导作用的发挥目的在于让学生的学习变得有效，因此学生必须在教育过程中保持主动性、创造性和积极性。目前，实现这一目的的有效方式就是通过教师与学生的角色互换，将教师的教育过程和学生的受教育过程有机融合，充分合理地发挥教师的主导作用和学生的学习主动性，让教与学成为一体。

教学实践中角色互换是一种非常有效的教学思路，它能够消除师生之间的距离感，让学生对教师的信任感增加，也增加了学生对课程内容的兴趣。角色互换改变了传统教学中"满堂灌"的教学思路，减少了学生对思想政治教育的反感情绪，提升了学生的学习积极性和主动性。对于教师而言，则能第一时间获得学生对学习内容的真实反馈，掌握学生的思想动态以及对问题认识和分析的方式方法，便于教师调整教学内容。此外，角色互换的教学方式也能让大学生的认知能力得到锻炼和提升，激发其在学习中的主观能动性，让学生在学习过程中得到积极的评价；还能引导大学生走出认知误区，纠正思想偏差，使其养成科学合理的思考习惯。新形势下，思想政治教育要以学生的素质培养为核心，准确把握大学生思想的特点，走出传统的教条式的教学误区，积极增加思想政治教育中的师生互动与交流，提升高校思想政治教育的针对性与实效性。

二、高校思想政治教育的使命和任务

（一）高校思想政治教育的使命

1. 根本使命——培养德智体美劳全面发展的社会主义建设者和接班人

新时代，高校思想政治教育的根本使命就是将大学生培养成全面发展的社会主义建设者和接班人。马克思指出："人们每次都不是在他们关于人的理想所决定和所容许的范围之内，而是在现有的生产力所决定和所容许的范围之内取得自由的。"[1]

首先，我国社会的主要矛盾已经发生了变化，从注重物质需求转为注重美好生活需要。这种变化体现了人们对高层次生活的追求，尤其是对教育的需求，教育是人们精神的补给站。德智体美劳全面发展既有马克思的全面发展学说作为理论支撑，也符合当代人民对教育价值的期望。因此，步入新时代，我国高校应当更加重视学生的全面发展，高校应当进一步加强思想政治教育的教学、教研和管理工作。高校思想政治教育工作是立德树人的重要方式，必须融入德智体美劳的日常教育当中，发挥思想政治教育的引领和协调作用。

其次，我国正致力于推进中国社会主义建设，这需要全国各族人民齐心协力，需要一批又一批中国特色社会主义事业的建设者及后继者不断发挥作用。中国特色社会主义建设对国家、社会、个人的命运和幸福有着重要的影响。踏上第二个百年征程，我国社会主义事业必然要进入新的发展阶段，大学生是推进社会主义事业蓬勃发展的核心力量，他们应当承担历史所赋予的责任。因此，高校需要重视加强对学生的思想政治教育，通过思想政治教育，引导大学生树立崇高的信仰

---

[1] 马克思，恩格斯.马克思恩格斯全集（第 3 卷）[M].中共中央马克思恩格斯列宁斯大林著作编译局，译.北京：人民出版社，1960.

和正确的价值观，增强责任感和使命感，激励他们为推进中国特色社会主义建设作出贡献。

2. 时代使命——培养担当民族复兴大任的时代新人

新时代，高校思想政治教育工作的时代使命是让大学生成为能够为民族复兴作出有力贡献的青年。"无论过去、现在还是未来，中国青年始终是实现中华民族伟大复兴的先锋力量。"① 当前我国正处于快速发展阶段，综合国力不断增强。相较于以前，当代大学生有着优渥的成长环境，同时也承担着建设新时代中国特色社会主义事业的伟大使命。步入新时代，青年大学生要时刻跟随党和国家的脚步，响应国家号召，紧跟时代的发展潮流，坚持不懈地追求自己的梦想，将个人价值的实现与中华民族的发展紧密相连。同时，青年学生正处于两个百年征程交汇之际，也承担着属于自己的时代使命，青年大学生既有奋斗的活力又有在不同领域创新的创造力，是时代发展必不可少的力量。

高校思想政治教育工作要与时代发展相结合，立足新时代新征程的时代背景，精准把握青年大学生的发展需求，为国家和社会建设培养更合适的建设者。

3. 重要使命——培养中西部欠发达地区高质量发展的奋斗者

高校思想政治教育工作的重要任务之一，是培养勇于奋斗、为中西部欠发达地区高质量发展贡献力量的人才。目前，我国已实现全面建成小康社会的目标，但这些成果需要不断巩固和发展。尽管我们已经做出了努力，但是"解决发展不平衡不充分问题、缩小城乡区域发展差距、实现人的全面发展和全体人民共同富裕仍然任重道远"②。为了实现"第二个一百年"奋斗目标，巩固拓展中西部欠发达地区脱贫攻坚成果势在必行，所以需要大量致力于促进中西部欠发达地区高质量发展的人才。要促进中国的新发展，必须优先解决中西部地区人才短缺的难题。目前，我国正处于发展的关键时期，高校思想政治教育工作要实现育人目标，激发学生建设祖国的热情，使其积极为中西部欠发达地区的建设贡献力量。这是新时代高校思想政治教育工作的重要使命。

---

① 习近平. 在纪念五四运动 100 周年大会上的讲话 [M]. 北京：人民出版社，2019.
② 习近平. 在全国脱贫攻坚总结表彰大会上的讲话 [M]. 北京：人民出版社，2021.

（二）高校思想政治教育的任务

教育的根本性问题是搞清楚"为谁培养人"的问题，这也是教育的核心。教育者对这一问题的理解关系着教育的政治立场和价值观念。新时代，高校思想政治教育工作的核心任务必然与党和国家的发展与建设息息相关，必须要遵守一定的原则才能精准解答"为谁培养人"这一重要问题。

1. 根本保证："两个巩固"与"三个事关"

习近平总书记强调："宣传思想工作就是要巩固马克思主义在意识形态领域的指导地位，巩固全党全国人民团结奋斗的共同思想基础。"[①]同时强调："加强和改进思想政治工作，事关党的前途命运，事关国家长治久安，事关民族凝聚力和向心力。"[②]以上两句话表明了高校思想政治教育工作要以马克思主义思想为指导。偏离了马克思主义思想，教育"为谁培养人"这个问题就难以准确把握。马克思主义思想是我国高校思想政治教育工作必须遵循的指导思想。

随着全球化进程的不断推进以及科技的不断发展，多元文化观念深入人心，来自不同国家和民族的文化逐渐在社会中传播，一些消极的文化和错误思想也趁机侵入。例如，很多大学生因为接触了消极文化逐渐失去上进心，以消极和逃避的心态面对学习和生活中的难题；一些别有用心的人也在散布不利于民族团结和社会稳定的思想与言论。这些因素给我国高校思想政治教育工作带来了很大阻碍，学生的意识形态建设也面临着巨大的挑战。我国近百年的艰苦奋斗和复兴之路证明了唯有坚持马克思主义、坚持奋斗才能实现民族的繁荣昌盛，完成民族复兴的伟大使命。中华人民共和国成立之后，高校的发展和高校教育取得的成就也证明了只有在教育中坚持马克思主义才能保证高等教育的稳步发展，才能实现教育的飞跃，才能不断取得新的成绩。新时代，高校思想政治教育要坚持党在思想政治教育工作中的领导地位，坚持以马克思主义思想为指引。

2. 根本内涵：坚持"四个服务"要求

2021 年的全国高校思想政治工作会议上，习近平总书记提出了"四个服务"，

---

① 倪光辉. 胸怀大局把握大势着眼大事 努力把宣传思想工作做得更好 [N]. 人民日报，2013-08-21.

② 中共中央国务院. 关于新时代加强和改进思想政治工作的意见 [N]. 人民日报，2021-07-13.

即"为人民服务，为中国共产党治国理政服务，为巩固和发展中国特色社会主义制度服务，为改革开放和社会主义现代化建设服务"①，为我国高校育人工作指明了道路。"四个服务"全面回答了高校"为谁培养人"的问题，从价值性、方向性、人民性等角度分析了高校育人工作的根本内涵。前两个服务是中华人民共和国刚成立时，党和国家为高等教育工作所确立的方向与原则，后两个服务则是习近平总书记立足于时代发展，为高校育人工作所提出的要求，确定了中国特色社会主义高等教育的价值取向。步入新时代，高校思想政治教育工作要充分理解"为谁培养人"这一问题的内涵，不断强化高等教育的"四个服务"意识，有目标、有方向地培养社会主义建设所需要的人才。"为人民服务"表明了高校思想政治教育工作要坚持以人民为中心的立场，即高校教育的人民性；"为中国共产党治国理政服务"表明了高校思想政治教育工作要顺应党和国家的治国方向，即高校教育的政治性；"为巩固和发展中国特色社会主义制度服务"表明了高校思想政治教育工作要与社会主义发展结合；"为改革开放和社会主义现代化建设服务"表明了高校思想政治教育工作要为社会主义建设事业提供助力。高校思想政治教育工作要坚持"四个服务"，将学习习近平总书记对中国梦和青年工作的相关重要论述贯穿于教育过程中，引导高校师生关注国家发展，将个人价值的实现与国家建设工作相结合，以国家的共同理想指导个人理想，为人民幸福生活的实现与国家富强作出自己的贡献，以"四个服务"为工作和学习的方向指导，与祖国同行、与时代发展同向、与人民同心。

3. 根本原则：遵从"三大规律"准则

习近平总书记强调开展高校思想政治教育工作"要遵循思想政治工作规律，遵循教书育人规律，遵循学生成长规律，不断提高工作能力和水平"②，高校的思想政治教育工作必须顺应"三大规律"，否则就难以取得明显的成效。此外，"三大规律"还为"如何进行人才培养"提供了实用性的建议。首先，按照思想政治工作的规律行事。高校思政教育工作者需要掌握大学生的思想和行为转化规律、外部因素对大学生的思想产生影响的规律以及教育与管理的一致性规律等核心要素，并充分应用这些要素激发现代大学生的积极性和主动性，让他们更好地融入

---

① 深圳市教育局. 深圳教育年鉴 2019[M]. 北京：商务印书馆，2020.

② 习近平. 习近平谈治国理政（第 2 卷）[M]. 北京：外文出版社，2017.

我国民族复兴的新使命中。其次，要遵守教育教学的规律。高校教师的一项重要职责就是提升学生的思想道德素养。高校教师不仅是专业知识的传授者，也应该有意识地教育和培养大学生，使其思想道德素质不断提升，以符合社会发展的需求。教师是教学活动的主导者，要想提高教学质量，就必须深入理解和掌握育人的科学规律。最后，高校教师在教学中也要掌握大学生的成长规律。一个国家的强大取决于人民，人民的才能和素质则是通过学习不断获得的。无论在何时何地，优秀人才始终是社会发展的首要资源和重要驱动力。我国的教育事业和人才培养一直都有明确的指向和目的，教育发展必须紧跟国家的发展主题和目标，这样才能引导青年大学生的思想政治素质和能力不断发展，自发地将国家命运与自己的命运相结合，主动为社会主义建设事业贡献力量。同样，高校也要引导大学生慎独修身，主动学习，全面发展，不断提高自身水平。

三、大学生思想政治教育的人性关怀

现代研究表明，思想政治工作的内容是指教育主体通过系统化、理论化的意识形态体系，以教育实践活动的形式对客体产生影响和作用。该体系由政治教育、思想教育、道德教育、心理教育等构成，形成了一个稳定的结构体系。意识形态教育的核心在于塑造具备知识、道德和信仰的人格，进而促进个体的全面发展。马克思提出的实现人类全面自由发展的理念，代表了人类个体发展的最高境界，是人类所追求的最高目标，也是精神文明可持续发展的最终目标。实现人的全面发展和自由发展，要以人的现代化为先决条件。人的现代化既与整个社会进步相互促进，又以提高个人素质为核心。要实现个人现代化，应具备正确认识世界、人生的观念和价值，拥有追求真善美的高尚情操，拥有完善的现代知识体系结构，具备较高的文化素养，不断学习新的知识，拥有科学的思维方式和健康的心理状态等。

以人为本的教育，不仅是时代和社会发展的要求，也是人的全面发展对教育提出的要求。我国社会建设和经济发展离不开以人为本的教育。新时代，思想政治教育的有效开展必须从受教育者身上寻找突破点，对个体的思想形成成因和相关影响因素进行深入分析，并通过有效的引导和干预改变外在因素和条件，进而影响人的思想形成与转变。高校是青年学生学习知识和接受思想政治教育的主要

阵地，因此要承担起培养社会主义建设者和接班人的重要责任，将青年学生培养成优秀的"四有"人才。

大学生是国家和党建设的宝贵人才资源。科教兴国战略和人才强国战略实现的重要前提就是大学生的思想道德和科学文化素质的不断提升。德智体美劳的教育核心在于让大学生形成正确的世界观、人生观和价值观，确立崇高的人生目标，具备高尚的道德情操，成为勇于承担责任、主动为社会主义建设贡献力量的优秀青年。高校的教育也要致力于让大学生得到全面发展，提高大学生的思想觉悟，提升大学生的文化素质。

（一）以大学生为本的教育

以人为本在思想政治教育中表现为教育"以大学生为本"，强调一切教育工作围绕大学生的发展和成长展开。对此，每个思想政治教育工作者都要在教育实践中充分调动大学生的学习积极性，发挥大学生在学习中的主体作用，引导大学生主动健康地发展自身能力和素质。同时，以人为本的思想政治教育还要尊重大学生的个性特征，每个大学生的知识能力水平和认知水平都是不同的，其优势和潜能也各不相同，这也决定了大学生的发展方向极具差异性。因此，教育也要重视受教育者人格的完善，使其能力得到全面发展，让大学生在身体、情感、精神等方面得到统一。

以人为本的高校思想政治教育就是将大学生作为思想政治教育活动的核心，从大学生的发展出发，肯定大学生在教育中的主体地位，尊重大学生的个性和特定观念。在教育实践中也要重视对大学生的引导，帮助其满足教育需求，使用多样化的教育教学手段调动大学生学习的积极性和创造性，充分发挥大学生的能动性，帮助大学生形成科学的价值观念，使其思想政治素质得到提升，道德境界得到提高，成为真正能为社会主义建设事业发挥才能的优秀人才。教育者在思想政治教育实践中，必须立足于人的特性，对人的特性有完整、清晰、准确的认知，尊重大学生的个性与意识，关心大学生的发展，遵守人性的制约与规范。

思想政治教育工作要重视对人性的关怀，肯定大学生的价值，维护大学生的尊严。教师要理解大学生，关心大学生特殊的心理状态，引导其自由、全面地发展，对大学生的心理特征、生活水平、专业、学习态度等方面进行分析，帮助他们解决思想中存在的问题以及生活中面临的实际问题。教师要进入大学生的内心深处，全面分析大学生的优势和弱势，帮助大学生确定多元化发展的方向和路径，挖掘大学生的优势，并帮助大学生将自己的优势特征逐渐向弱势领域迁移，提升自己的短板，发展自己的个性。这样教育才能真正做到一视同仁、因材施教，从而实现教育的宏大目标。

由此可见，高校思想政治教育工作要立足于人的特质，以促进人的全面发展为目的，将大学生培养成社会所需的人才。对此，高校要从以下几个方面进行努力。

第一，高校要坚持以人为本，尊重人的发展需求，引导人在学习上的自觉性的发挥。人的社会性需要是较高层次的需要，对尊重的需要则是社会性需要的重要构成，人在社会生活和学习中渴望自我评价、社会评价，自我尊重以及社会尊重。思想政治教育最主要的目的就是启发人的自觉。随着社会的不断发展，人们的物质需求不断得到满足，人的素质也不断得到提升，精神需求也就不断扩大。良好的人际关系是人自觉性发挥的重要前提条件，尊重与信任则是良好人际关系的重要表现。在思想政治教育工作中，学生能否得到足够的尊重决定了教育的最终效果，因此教育者在教育实践中要以诚待人、以情动人、以理服人，要坚持平等和民主，这样才能保障思想政治教育工作的效果。

第二，高校要注重以人为本，关心人的利益，促进其积极性的发挥。现代社会，人的主体意识不断加强，人们的行为也越来越表现出趋利性，利益也逐渐多元化。人们通过正当的手段和途径获取利益能够促进社会的发展和生产力的进步，但同时逐利性也会影响人们对问题的思考方式和对是非的判断标准，导致部分人不能很好地处理国家、集体与个人之间的利益关系，甚至有些人会通过错误的方式和手段来追求自己的利益。思想政治教育工作的另一目的就在于帮助人们建立正确的价值观念，科学、正确地处理各种利益关系。马克思说过"人们奋斗所争取的一切，和他们的利益有关"[1]。因此，思想政治工作要以利益为基础，否则就将变得空洞，失去意义。在利益问题上，教育者要深入分析利益关系，让受教育者能够厘清不同的利益关系，树立正确的利益观；也要将思想政治教育工作与群

---

[1] 马克思，恩格斯. 马克思恩格斯全集（第1卷）[M]. 中共中央马克思恩格斯列宁斯大林著作编译局，译. 北京：人民出版社，1995.

众实际利益问题结合起来，真正解决群众关心的问题，实现理论与实践的有机结合。

第三，强调以人为本，尊重个体价值，激发个人创新精神。为了造就具备全面能力的人才，高校要重视对人的个性、能力和价值的挖掘。个人价值除了个体的价值之外，还包含个体的社会价值，这两个层面是互相矛盾但又不可分割的。在现代社会中，人与人之间的紧密联系是必不可少的，只有通过有效的合作、协作和互相支持，才能推动社会不断前进和发展。高校思想政治工作的开展应该是为了引导师生自由发展，为他们提供必要的条件和环境，而不是限制他们的个性发展。思想政治工作的生命力并非在于限制人们的行动和思想，或者控制他们的头脑。相反，它鼓励人们展现智慧、培养创新意识，并在必要的时候给予引导，以实现个人的发展并造福于社会。高校不仅是人才集聚的地方，也是未来社会建设者孕育成长的摇篮。因此，在推进思想政治教育工作时，突出以人为本的理念，彰显个体的尊严和价值，同时激发人们的创新思维，变得格外重要。

（二）加强人性关怀的紧迫性

1. 时代发展和当代大学生的思想特点要求加强人性关怀

改革开放之后，我国社会主义市场经济制度不断完善，社会主义建设工作也在不断推进，人民的个体意识不断觉醒，法治意识不断增强，在此条件下社会管理者必须不断提升自己的能力。科学发展观认为，人是社会发展的主要动力，同时人也是社会发展的最终目标。高校思想政治教育工作要立足于时代发展背景，以人为中心开展教育，要关心人的发展，关怀人的自觉、自由，重视学生性格的完善。当代大学生的生活环境相对复杂，一方面国家对外开放不断扩大，市场经济不断发展，另一方面现代信息技术的发展与应用也让大学生接触到大量繁杂的信息。随着我国社会经济成分的变革，组织形式、就业形势的不断变化，利益关系和利益分配的多元化，学生国际视野的不断扩大，学生的思想观念也呈现多元化特征。

此外，现今有一些大学生个性过强，缺乏公共道德意识。部分独生子女长期受到长辈的溺爱，从小生活在以自我为中心的环境中，缺少对他人的关心与关爱；一些大学生过分关注自己，缺乏自我管理和团队合作意识；此外，有些大学生表现出功利主义的倾向，不肯承担应尽的社会责任和义务；部分大学生虽然支持市场经济的道德规范，但是却缺少对市场经济下的道德规范的遵守意识和主体意识。在社会飞速发展变化的背景下，大学生缺少面对陌生环境的心理准备，同时他们对学校教学改革和教学条件的不满导致了思想焦虑的不断加剧，呈现出情绪低落、消极的状态，身心健康受到影响。在当前情况下，传统灌输和说教等教育方式，已经不能满足现代大学生的需求，甚至可能产生反作用。因此，思想政治教育需要更深入地探讨人类内心深处的问题，并逐步增强对人性的关怀和关注。

2. 高校思想政治教育对学生人性关怀的缺失

第一，高校教师缺乏对学生的人性关怀。大学生是独立自主的个体，在人格上与教师平等，需要被尊重。高校教育者应当尊重学生的人格，然而有些教师缺少职业道德和责任感，仅把教书作为生存的手段，缺少有效的教育方法，忽视了学生在教学中的主体性；漠视学生的学习需求和人格塑造需求；只重视教书忽视了育人，只重视言传忽视了自身行为对学生的影响，对待工作缺乏热情和使命感，最终导致学生学习积极性不高，师生关系不和谐。高校服务部门的工作人员在工作中也缺乏应有的精神面貌和态度，部分图书室工作人员不能维护阅读场所的纪律和秩序，甚至大声喧哗，这些行为都对学生造成了不良影响。

第二，高校教师缺乏对大学生自我需要的关照。教师在实际教学中忽视了学生的学习需求，在课堂教学和日常思想政治教育工作中，教师只重视对学生灌输"正面"的知识，喜欢讲道理、进行空洞的说教，但是对改革过程中出现的问题，以及学生所关注的热点时事和敏感问题却缺乏深入讲解的耐心。此外，教师所传授的思想政治教育内容也比较陈旧，与社会实践脱节，导致学生对思想政治的学习兴趣不足。教师在教学实践中也忽视了学生对不同层次教育的需求，在思想和道德方面，学生之间存在一定的差异，水平也呈现出一定的层次性，很多教育者忽视了这种差异性对教学的影响，在教学中更重视对群体的教育，导致教学缺少针对性。教师在教学实践中忽视了对学生创新性的培养。高校思想政治教育更重视完成教学计划，因此忽视了教学内容的设计，培养目标更趋向单一化，教学过程中只重视对知识的讲解而忽视关注学生的接受程度。此外，高校思想政治教育也经常忽视学生的主体地位，在教学中缺乏师生间的互动以及学生主体意识的发挥，因此限制了学生创新意识的发展，阻碍了学生个性的发展。

第三，高校德育的改革需要强化对学生人性的关怀。杨叔子先生曾经说过：

"大学的主旋律是育人，而非制器，是培养高级人才，而非制造高档器材，人是有思想、有感情、有个性、有精神世界的，何况是高级人才……我们的教育失去了人，忘记了人是有思想、有感情、有个性、有精神世界的，就失去了一切。其实我们的一切工作都是如此，都是以人为出发点，以人贯穿于各方面及其始终，何况是直接培养人的教育？""未来的学校必须把教育的对象变成自己教育自己的主体，受教育的人必须成为这个人自己的教育对象。"由此可见，人性关怀是高等教育的核心。高校思想政治教育应当以人为本，挖掘人的创造潜能。高校思想政治教育的核心任务在于让学生形成端正的品格，完善的人格，而不是约束人的发展、控制人的思想，但是在现今的思想政治教育中，教育者忽视了学生的本质特性，缺少对学生的尊重。因此，高校思想政治教育应当对学生的个性特征进行深入的分析，了解学生的需求，尊重学生的人格，发挥学生在学习中的主体性，帮助学生实现自我价值和社会价值。

第二节　大学生思想政治教育的特征

一、大学生思想政治教育的环境特征

高校思想政治教育是教育环境、教育实施者、教育接受者三者互动的过程，如果三者之间能够协调配合，那么思想政治教育就能收获较好的效果；相反，如果三者之间互相制约，或者某一个要素的发展相对滞后，就会导致思想政治教育无法达到预期的目标。

（一）现代化事业蓬勃发展下的浮躁社会环境

我国现代化事业正在蓬勃发展，改革为经济发展带来了足够的动力，但同时也让人们面对着经济快速发展带来的副作用，如资源消耗过快、环境污染严重、自然生态系统遭到破坏、地质灾害频发等。同时，现代化建设给人们的精神领域带来的影响也不容小觑。在校园中，部分大学生信奉金钱至上、追求享乐，忽视了知识的积累，缺少学习动力。许多大学生意识不到知识的重要性，认为知识并不能为自己的成功和物质生活提供助力，只有金钱才是最重要的。因此，他们在学习中过于松懈，产生了严重的厌学心理；有些大学生只重视眼前利益，将学习时间浪费在兼职上；更有部分学生为了享乐、为了私欲做出违反道德和法律的事情。

（二）社会过渡转型期下的信仰危机环境

我国社会处于一个过渡转型的时期，风险和机遇并存，社会矛盾突出。我国的社会矛盾表现出物质矛盾、政治矛盾和文化性矛盾并存，简单矛盾逐渐复杂化，隐性矛盾逐渐转变为显性矛盾，接触性矛盾逐渐向非接触性矛盾延伸的特点。随着社会矛盾的不断增加，贫富差距逐渐增大，社会公平问题逐渐显现，物价上升的问题也逐渐受到人们的重视，这些问题的出现对共产党人的执政能力、危机处理能力等提出了更高的要求，也对当前大学生的信仰体系造成了严重的负面影响。

（三）多元文化背景下的价值多元文化环境

价值观念是在社会实践中产生的。我国的改革开放实践不仅引入了西方的先进技术和管理经验，同时也带来了西方文化及其所表现出的价值标准和道德规范。传统与现代的融合，本土文化与外来文化的碰撞，使社会上出现了不同的文化，如主流文化与非主流文化、东方文化与西方文化等，形成了多元化的文化发展格局。同时，随着社会改革的不断推进，多样化的思想观念、多变的文化环境以及多元的利益形成了复杂的社会结构。在多方面因素的作用下，许多社会思潮诞生，影响着大学生的思想。三观尚未稳固的大学生在面对这些带着不同价值观的思潮时，容易混淆善恶、真假，甚至走向歧途。在多元文化的冲击下，很多大学生无法对中国传统文化和社会主义理念进行理性的思考和分析，甚至开始崇尚资本主义，这种现象虽然比较少见，但是依旧值得思想政治教育工作者重视，并在教学实践中寻找解决的办法。

（四）高等教育逐渐国际化

随着国际高等教育交流和合作的不断增加，思想政治教育也必然会受到国际发展形势的影响。传统的教育者的权威地位正在消解，灌输式的教学方式逐渐被淘汰，思想政治教育必须学习和借鉴他国现今的教育思想和经验。在教育国际化背景下，各国思想政治教育虽然存在内容方面的区别，但是教育的主旨都是强化学生对国家、民族、文化和自我身份的认同，培养学生对他人、家庭和社会的责任感，使学生能够遵守社会的行为道德规范，成为一个社会人。由于各国社会环境、历史和人文的不同，思想政治教育的具体方法也有所不同。西方国家重视通过实践潜移默化地影响学生，在学校教育和宗教信仰引导之下，通过不同的教育途径，如家庭、社会等来培养大学生。东方国家，如日本，则是强调学生内在修养的培养，提倡由政府主导，自上而下地实施德育。东方国家的思想政治教育是显性的，他们吸收现代文化中的精髓，扶植传统文化产业的发展，重视对青少年的思想政治引导。中国在国情上与两者都有区别，在社会主义建设初期，马克思主义思想的传播使传统的以儒家思想为核心的教育受到剧烈冲击，在当时特定的社会背景下，借鉴和使用苏共思想政治教育方法是唯一的选择。改革开放后期，我国接触到了越来越多的发达国家的优秀教育方式，思想政治教育以提升实效性为目的，逐渐与国际接轨。

二、大学生思想政治教育在多种环境下的特征

（一）受新时代社会思潮影响的大学生特征

当代大学校园是各种社会思潮的散播阵地，随着国外思潮的涌入、社会改革的不断加深，大学生对各种思潮的好奇心也越来越重，学生个人的成长也迫切需要正确分析和理解不同的社会思潮。目前，高校思想文化领域主流是健康的，马克思主义思想依旧占据主导地位，中国特色社会主义理论体系和习近平新思想深入人心。然而，我们也应该清醒地认识到，依然有大量消极的社会思潮正在侵蚀着大学生的心灵，如拜金主义、享乐主义、攀比风气等。

社会上的多元文化思潮之所以能够吸引大学生，主要是因为大学生本身具有一定的反叛精神，喜欢质疑传统、敢于挑战权威，更喜欢追求刺激，同时大学生的思想和观念尚未定型，对新鲜事物的接受能力比较强，在接触到某种社会思潮的时候更容易受到其影响。

各类社会思潮对大学生的影响可谓正负交织，关键在于如何引导和交流。对大学生的思想政治教育既不能忽视社会思潮反映的社会现象和现实，帮助大学生了解社会的丰富性和复杂性，也不能忽视各种消极有害的社会思潮冲击现有的思

想政治教育目的和成果。只有立足这样的现实，才能顺畅地与大学生开展交流与沟通，准确地掌握大学生当前的思想动态。如果偏执于某一方面，势必造成教育者与被教育者之间的交流隔阂，甚至出现障碍。

（二）由经济独立带来的大学生人格独立性特征

在社会主义市场经济的发展过程中，个人和企业成为独立的个体，人们也从传统社会中的人身依附关系中解脱出来，开始重视人的平等性和独立性。这一趋势必然会对大学生产生一定的影响，大学生的主体意识得到了强化，独立性增强，自我意识更加明显，他们接触到的事物更加多样化，视野更加开阔，有着较强的法律意识，同时他们的自我认知也得到不断发展，对前卫和时尚的渴求更加强烈，喜欢张扬个性。很多大学生都习惯于在课下时间通过勤工俭学或者兼职来获得一份收入，解决生活开支。市场经济发展所造成的竞争机制引入让人们获得了生产动力，促使生产力和生产关系得到解放，并进一步推动经济和文化的欣欣向荣。就业形势的多元化让人们有了更多的谋生选择，人们不再依赖于社会关系和国家，提高了人们的自信和自由。然而，这一变化也导致了人们思维方式的转变，一些人从追求崇高理想转向追求功利，他们以利益作为衡量行为、动机和效果的标准。个别大学生受此思想的影响以追求眼前利益和享乐为奋斗目标。

（三）高新科技、新媒体应用引发的大学生特征

科技的飞速发展和网络媒体的盛行影响了人们的生活方式和信息获取方式，也改变了人们的沟通倾向。大学生的生活和学习对网络的过度依赖导致思想政治教育必须延伸至网络空间中，并因此产生了新的要求。自媒体的飞速发展与监管和引导的缺乏形成了矛盾，网络上充斥着复杂的信息，许多暴力、恐怖和色情信息在网络中流传，这导致了网络文化环境的混乱与复杂，因此净网行动也迫在眉睫。信息技术的大范围应用还导致大学生对虚拟生活的过度依赖和沉迷，一些大学生沉浸于虚拟世界中，逐渐与真实社会脱节，追逐着简单的快乐和感官的刺激，失去了对现实生活的兴趣和信心。人与人之间的面对面的真诚沟通越来越少，人文关怀缺失。在网络社会中，大学生的自由被无限放大，学生的个性也不再受到限制，这就导致大学生在虚拟世界中的行为不再受到约束，因而产生了很多不道德的现象。网络环境净化和网络精神家园建设是保证大学生在虚拟世界中思想不

受侵蚀的重要条件，因此国家和社会要进一步加强网络环境建设，在网络上传播积极向上的文化，将网络世界建设成思想政治教育的新阵地。

（四）大学生教育效果需要层次性不同的特征

人有意识行为的产生动机以及外在形式的指向性构成了人的需求。需求会随着时代的变化、人生阶段的发展和生活环境的变化而发生变化。理想则是基于对现实的反思超越现实需求的一种更高层次的需求。根据马斯洛的需求层次理论，理想是人的自我实现的需要，需求层次的不同决定了理想的高度。从人的全面发展的角度分析，大学生接受思想政治教育的主要目的在于提升理想的层次，形成理想实现的精神动力。当今社会、国家、学校和家庭都对大学生提出了更高的要求，大学阶段是人的生理和心理逐渐趋于成熟的重要阶段，也是人的思想观念形成的重要阶段。由于家庭背景、生活环境、学习经历等的不同，学生对社会主体制度的理解程度也有所不同，对国家、社会和学校的感情也有不同，自身的发展方向和发展目标也有所不同。学生需求层次的不同也会导致思想政治教育效果的不同，因此，针对大学生的不同的理想和现实经历，思想政治教育也要具有针对性，一方面要正视思想政治教育在不同学生身上展现的不同效果，进而做出改进；另一方面也要主动进行分层次、有针对性的教学设计，加强对各类学生的引导。

三、大学生思想政治教育的创新特征

（一）大学生思想政治教育的创新具有一定的周期性

一般情况下，创新是人类的某种能量积累到一定时刻所呈现的结果，能量的积累则需要时间和特定的条件。这种现象更多地表现在个人身上，但是群体和组织有时也会产生同样的问题。这种经验也可以表述为"集体无意识"。不同个体身上的创新特征各不相同，群体或者组织的创新性与个体的创新性也存在很大的差别。但是不可否认，群体和组织的创新也存在周期性的问题。高校思想政治教育创新也具有周期性特征，这个问题很难简单进行阐述，因为它涉及了两个问题，一是创新的周期性具体表现为何，二是什么原因或者因素导致了周期性的产生。

以创新为主视角来分析改革开放后高校思想政治教育的发展，我们可以将其划分为以下几个阶段。

第一阶段：20 世纪 70 年代末到 20 世纪 80 年代末，这一阶段大概又可分成两个小阶段。第一个小阶段是 20 世纪 70 年代末到 20 世纪 80 年代初，这一阶段的思想政治工作的主要任务是拨乱反正，建立新的思想理论体系和秩序。第二个小阶段是整个 20 世纪 80 年代，这一阶段是社会和人民具有较高的激情和想象力的阶段。社会的发展指导思想逐渐明确，国家也出台了一系列改革措施和决定，社会主义经济的发展本质得到确定，在教育方面也提出了提升高校办学自主权的意见。当时，党和国家提出了"一个中心，两个基本点"的发展路线，形成了我国社会主义初级阶段的发展理论，国家对精神文明建设工作也十分重视，强调经济和精神文明的共同发展和健康发展。在这样的环境下，高校思想政治教育也在理论内容、应用体系和传播方式等方面进行了创新，如思想品德课的开设、组织大学生参加社会实践、开设相关教育专业、加强思想政治工作队伍建设等。

第二阶段：20 世纪 80 年代末到 20 世纪 90 年代初。这一阶段我国高校思想政治教育总体上还是延续以前的教育方式与方法，但也并非没有创新，其创新主要表现在应用体系方面。我国高校思想政治教育在中华优秀传统文化的价值解读和传承方面作出很大的成绩。此外，还有思想政治教育学科的建设，高校在已有的建设成果上开展了更为全面的专业建设工作，形成了科学的学科群。很多院校都陆续设置了思想政治教育专业的本科点和硕士点，课程建设、教材编写和师资队伍建设工作也取得了很大的进展。

第三阶段：20 世纪 90 年代初至 21 世纪初。这是一个充满新机遇的阶段。社会的快速发展与不平衡的状态互相间杂。在这个相对漫长的阶段中，党和国家也颁布了很多措施与政策，对爱国主义教育、改进高校德育等工作作出指示。高校思想政治教育积极应对形势变化，遵循中央的政策方针，不断探索创新教育方式和应用途径，推广新形态的思想政治教育，如网络思想政治教育、学校文化建设、学生生活区思政工作等，以适应当今时代的发展要求。与此同时，高校还针对思想政治教育的应用理论方面进行了整合和创新，并引进、消化和吸收其他的先进思想和理论。高校坚持将新思想、新理论贯穿于教学内容并灌输于学生思维中，以思想政治理论课程为基础，注重融合理论知识与社会实践，努力提高理论教育的实际效果。在处理学生思想政治教育问题时，高校还尝试借鉴和吸收其他学科领域的相关理论，以期获得更多有价值的启示。

第四阶段：21 世纪初至今。这一阶段，高校思想政治教育面临着新的任务，并在机遇与挑战并存的环境中有序发展，这是一个正在进行的阶段。高校思想政治工作步入了新的阶段，呈现出综合创新的发展趋势。从目前的发展状况来看，本阶段高校思想政治教育工作主要呈现出以下特征：第一，教育者对教育对象的认知更加深刻，教育思想也发生了变化，开始强调以人为本的教育，完成这一转变仍需要一个过程，但毫无疑问，这个过程已经顺利开启。在以人为本的思想的指导下，人们对大学生的认知也逐渐变得多元化。第二，高校思想政治教育的形式逐渐多元化，各地各高校也开始重视思想政治教育与实际情况的结合，而不是以书本知识为教育的核心，这种转变是思想政治教育创新的契机。第三，思想政治教育的理论研究者和实践者都在不断增强问题意识，拓展理论的内涵。在这一过程中，思想政治教育的学科研究范式也逐渐发生改变。产生这一变化的动力有两个：一是社会转型带来的问题急需解决；二是新世纪以来所培养的思想政治教育人才已经步入科研和教学工作中，充实了高校思想政治教育的师资队伍，他们富有探索精神和研究精神，具备强烈的问题意识，有着较强和改变不良现象的意志力，能够对各种文化兼收并蓄，以开放的心态面对新生事物。因此他们也必然能创造出新的思想政治教育局面。

（二）大学生思想政治教育的创新具有多样性和延展性

创新的多样性使其有很多分类标准，如层次、类型，除此之外还能根据创新主体的不同分为个体创新和集体创新，或者根据创新的影响力分为成本性创新和延展性创新。延展性创新是本书重点讨论的一个类别。延展性创新就是指具有很大联动效能的创新形式，它通常能够引发一系列创新活动的诞生。延展性创新是居于创新活动链顶端或者中心的创新内容，它的延展性体现在思想政治教育创新的各个方面，如制度创新、体制创新、理论创新、管理创新等。在工作理念方面，高校思想政治教育始终坚持贴近实际、贴近生活实践、贴近人民群众，并不断在这方面进行探索，同时在教育规范的制定方面也始终坚持以满足学生的发展需求为导向。在实际工作中，高校思想政治教育者形成了成体系的理论和教育方式，并不断对其创新。总之，高校思想政治教育创新的延展性促进了其各方面的发展与创新，在制度建设、教育形式创新、教育内容创新、教育理念创新等方面都具有很大的影响。

第三节 大学生思想政治教育的意义

对大学生进行思想政治教育具有多方面的意义，主要体现在以下几个方面。

一、培养社会主义核心价值观

思想政治教育有助于培养大学生正确的世界观、人生观和价值观，特别是社会主义核心价值观。通过教育，大学生能够深刻理解和坚定信仰社会主义核心价值观，包括爱国主义、集体主义、社会公德、诚信友善等；从而形成正确的道德观念和行为准则。

二、增强法治意识和公民素质

思想政治教育有助于加强大学生的法治意识和公民素质。大学生通过学习宪法、法律和相关法规，了解国家的法制基础和法律体系，提高自身的法律意识和法律素养。同时，思想政治教育还能够培养大学生的社会责任感和公民参与意识，使他们能够主动参与社会事务、履行公民义务，并具备良好的道德品质和社会行为规范。

三、培养正确的历史观和国际视野

思想政治教育有助于大学生形成正确的历史观和国际视野。通过学习国内外的历史和文化，大学生能够了解和认识不同国家和民族的发展历程，理解国际关系和全球发展的复杂性。另外，思想政治教育还能够加强大学生对国家历史的认同和对民族文化的热爱，培养大学生的民族自豪感和文化自信心。

四、培养创新意识和实践能力

思想政治教育有助于培养大学生的创新意识和实践能力。通过学习党的创新理论和实践经验，大学生能够了解和掌握创新思维和方法，培养解决问题的能力和创新创业的精神。思想政治教育还能够鼓励大学生积极参与社会实践和志愿服务活动，锻炼实践能力，提高综合素质。

五、培养正确的思维方法和辩证思维能力

大学生经过思想政治教育的熏陶，能够学会独立思考问题，分析事物的多个方面，把握问题的本质和发展规律。他们能够理性思考，超越片面性和主观偏见，具备辩证思维的能力，看到问题的各种可能性和多样性，对复杂问题进行综合分析和评估。

第二章　新时代大学生思想政治教育队伍建设

本章主要介绍新时代大学生思想政治教育队伍建设，主要介绍三个方面的内容，分别为思想政治教育管理队伍建设、思想政治教育专任教师队伍建设、班主任与辅导员队伍建设。

第一节　思想政治教育管理队伍建设

高校思想政治教育管理队伍，即在高校中主要负责意识形态工作的专职管理人员。具体而言，包括高校党委班子成员、党委办公室等党委系统职能部门的专职干部，工会、团委等群众组织中的专职干部，以及各二级学院（系）的（副）书记等。这支队伍统一领导高校的思想政治教育工作，肩负着计划制订、组织执行、监督评价等重要责任。高校思想政治教育管理队伍既是党的干部队伍的一分子，更是大学生意识形态工作的重要力量，这支队伍的能力高低与大学生思想政治教育实效性之间有着不可分割的紧密联系。

一、高校思想政治教育管理队伍建设的意义

（一）适应国内外新形势的需要

当前，国际国内形势发生了巨大变革。深刻的社会变革对人们尤其是青少年的思想观念和价值取向产生了较为广泛和深入的影响，同时网络媒体的发展和普及也使思想政治教育的内外环境、渠道载体、方式手段等发生了巨大变化。面对日趋复杂、变化多端的国际国内形势，必须继续提升高校思想政治教育管理队伍应对复杂形势、解决复杂问题的能力。

（二）大学生思想政治教育取得实效的需要

思想政治教育管理队伍在社会主义高校中有着十分特殊的地位和不可替代的作用。对于大学生思想政治教育而言，这支队伍是关键力量之一，承担着领导统筹、组织高校大学生思想政治工作的神圣职责，也正是因为这支队伍的存在，大学生思想政治教育各个环节的工作才能够自上而下全面落实到位。中华人民共和国成立以来，高校思想政治教育管理队伍逐渐发展壮大，推动了高校思想政治工作，但是这支队伍也存在一些不足，距离新时期党的教育事业的要求还有一定的差距。为了确保思想政治教育取得实效，必须进一步加强高校思想政治教育管理队伍建设。

（三）迎接高等教育新挑战的需要

进入 21 世纪，高等教育面临着新的局面和挑战。一是高等教育的国际交流日趋广泛、频繁和深入。国际交流给我国高等教育带来了新的机遇，同时也提出了不少的挑战，必然要求我国高校进一步提高自身的办学水平和人才质量。二是我国高等教育进入内涵式发展阶段。当前，我国的高等教育由过去关注"量的扩张"转变为现在重视"质的提升"，进入了全新时期，人才质量及管理质量的全面提升是新时期高等教育的主要特征。高等教育的新发展势必要求我们加强高校思想政治教育管理队伍建设，使其具备全球眼光和发展视野，更好地有所作为。

二、高校思想政治教育管理队伍建设的不足

（一）队伍建设机制尚不完善

第一，激励机制不健全。现阶段我国部分高校仍未建立与工作实绩挂钩的激励机制，薪酬上"优秀"与"称职"没有区别，职称评定上也未实现双肩挑干部的工作业绩与科研教学条件之间的转化。相较于专任教师，党政管理干部待遇偏低的情况在高校较为普遍，实事求是地说，此种现象或多或少影响了这支队伍的工作热情和干劲。[①]

---

① 尹大伟，高凯. 新时代高校网络思想政治教育工作队伍建设研究 [J]. 黑河学刊，2022(06)：8-13.

第二，发展机制不健全。相较于专任教师，高校思想政治教育管理队伍受干部职称、发展平台等因素限制，上升空间较为有限，并且无法较为通畅地切换到专业技术岗位，从而容易产生职业倦怠。

第三，培养机制不健全。一是培训的针对性和系统性不够。二是培养方式比较单一，主要以参加各种学习培训为主，研修深造、挂职锻炼、多岗历练、国内外交流等途径仍然有限。三是各级干部的培养不均衡，一方面对处级及以上干部的培养较为完善，另一方面对科级干部的培养不够重视，管理干部大多数是从位于中间的科级干部成长起来的，容易造成从源头出现干部能力素质偏低的问题。四是针对后备干部队伍的建设力度不足，缺乏系统性、科学性和针对性，有些高校缺乏前瞻性，在思想层面不重视后备干部队伍建设，更谈不上系统开展后备干部队伍建设，与之相关的组织机构尚未健全，干部队伍建设的源头性、基础性工作较为薄弱。

（二）队伍配置不科学

当前，因为缺乏整体思考和科学规划，部分高校的思想政治教育管理队伍在整体结构上没有达到最优状态，从而导致无法发挥最佳工作效能。主要表现在以下几个方面。

第一，不同职务职级的人员比例设置不尽合理，无法发挥最优职能；有些岗位的干部配备存在人岗适配性不强的问题，未做到人尽其才、才尽其用。

第二，干部"老龄化"，特别是中层干部年龄偏大的现象比较突出，未形成各年龄层次干部有机结合的合理梯队，不利于最大限度发挥各年龄层次干部的优势，也不利于队伍的健康持续发展。

第三，干部的知识、学历、职称等结构没有达到合理配置，影响了队伍专业化水平的提升，也不利于更加科学化地开展工作。

（三）素质能力较低

目前，我国高校思想政治教育管理队伍的整体素质能力尚不能适应新时代新形势的需要，主要体现在以下方面。

第一，有些干部忽视政治理论学习，理想信念不够坚定，缺乏艰苦奋斗、乐于奉献的精神。

第二，有些干部的思想观念难以适应中国社会和经济的深刻变化，缺乏战略思维和开拓精神。

第三，有些干部的知识结构与理论更新速度难以适应新时期高等教育改革的飞速发展，缺乏做好高校思想政治教育管理工作的综合素养与统筹能力。

第四，有些干部的工作方式因循守旧，缺乏创新，不能够很好应对大数据和互联网时代带来的挑战和变化，缺乏与之相适应的新思路、新办法。

三、高校思想政治教育管理队伍建设的策略

（一）健全激励保障机制

第一，改革激励机制。干部的收入要与工作业绩和工作任务挂钩，要体现工作业绩不同收入不同，不同工作任务收入有所区别。建立关怀机制，用真情实意关爱干部，切实有效解决干部遇到的突出困难。建立联动机制，充分运用考核结果的导向作用，让其在干部晋升、职称评定、进修培训上发挥应有的作用。

第二，畅通干部流通渠道。拓宽干部转岗教学科研岗位的分流渠道，鼓励具有学术潜力的管理干部转做专任教师。积极向政府部门、事业单位、公司企业、科研机构、职业院校推荐和输送优秀干部。进一步健全完善干部的试用期制和任期制，建立干部的正常退出机制，形成"能进能出""能上能下"的新局面。例如，对在民主推荐、民主测评中达不到一定比例、考核结果不称职的干部予以免职；探索建立正确区分领导责任的机制，对因工作严重失误造成重大损失或恶劣影响的予以免职；对拒不服从组织安排，长期不在工作岗位的予以免职。

第三，建立后备干部队伍。重视规划，建立健全后备干部的选拔和培养制度。注重培养，灵活运用组织调训等多种形式加强后备干部的培养，优化知识结构，提升能力素质。从重视干部选拔转向重视干部成长全过程，运用成长档案全面跟踪年轻干部的德、绩情况，并进行针对性管理和培养。教育引导干部进行自我修炼，敢于坚持原则，严格遵纪守法。

（二）整体规划队伍建设

队伍建设的整体性规划必须建立在科学、符合实际和现实需要的基础上。因此，高校应该重视和加大有关队伍建设的调研力度，在此基础上结合自身实际和

学校发展的迫切需要，编制队伍建设的整体规划，队伍建设的具体目标和实施措施要力求科学和合理。打造结构合理的高校思想政治教育管理队伍应该主要考虑以下因素。

第一，层次结构。在高校思想政治教育管理队伍的层次结构配置上，应该以中级职务职级为主，结合高级、低级组成合理的梯队。

第二，年龄结构。每个年龄阶段的人都有各自的优势。其中，年轻人热情四溢、敢想敢干；中年人经验丰富、年富力强；年长者深谋远虑、见多识广。实践证明，以中青年为主的干部队伍的年龄结构有利于老、中、青三代各自发挥年龄优势，保证队伍的和谐稳定和动态平衡。

第三，学历结构。高校思想政治教育管理队伍在工作中直接面对的对象是学历普遍较高的群体，因此为了更好地服务工作对象、提高工作效能，高校应该从自身实际出发，大力提升这支队伍的学历结构。

第四，知识结构。因为工作职责的特殊性，高校思想政治教育管理队伍首先必须掌握思想政治教育方面的知识，了解意识形态教育的特点、规律、方法等。同时，作为高校管理干部当中的一分子，还应该掌握行政管理方面的知识。

（三）加强培养力度

第一，着力提升思想政治道德素养。高校思想政治教育管理队伍的底色必须要"红"、政治必须要"硬"，思想政治素养是这支队伍的核心素养，思想政治建设是这支队伍建设的关键所在。在高校思想政治教育管理队伍的培养中，应该坚持不懈地开展理想信念、宗旨意识等教育，不断提高这支队伍的政治领悟力和执行力。

第二，加强干部教育培训。高校应该制订年度思想政治教育管理队伍教育培训计划并严格贯彻执行，在年度财务预算中列入干部教育培训经费，在培训经费上保证足额投入。多措并举，创新干部培训形式，增强培训效果。建立学习档案，注重培训成效，将干部培训情况与考核、选拔、任用等相结合。

第三，拓宽干部实践锻炼渠道。通过选派挂职、校外学习培训、轮岗交流等形式，为思想政治教育管理队伍提供学习锻炼的机会。根据高校事业发展需要选派符合条件的各级干部到兄弟院校、科研院所、大中型企业、地方政府、农村基层组织等挂职锻炼和参加中短期培训，选派干部到国内干部培训机构、国（境）外大学学习深造。

第二节　思想政治教育专任教师队伍建设

高等院校思想政治理论课是大学生思想政治教育的主渠道和主阵地。习近平总书记强调："要坚持不懈传播马克思主义科学理论，抓好马克思主义理论教育，为学生一生成长奠定科学的思想基础。"思想政治理论课专任教师是大学生思想政治教育的重要力量，肩负着运用马克思主义理论武装大学生，推动社会主义核心价值观体系建设的重要使命。大力加强思想政治理论课专任教师队伍建设是大学生思想政治教育取得实效的应有之义。

一、高校思想政治教育专任教师队伍建设的意义

（一）落实"立德树人"根本任务的需要

国无德不兴，人无德不立。党的十九大报告强调，高等教育要全面贯彻党的教育方针，落实"立德树人"根本任务。高等学校思想政治理论课是"立德树人"的关键课程。高校思想政治理论课教师队伍担负着奠定大学生科学的思想基础的重要使命，责任重大。当前，西方多元价值观的不断渗透和侵蚀，网络信息技术的迅猛发展为高校落实"立德树人"根本任务带来了不小的挑战。为了有效应对这些问题，必须加强高校思想政治理论课专任教师队伍建设。

（二）思想政治理论课教师专业化发展的需要

道德教育是一个专门学科，有其特定的概念、方法、目的及研究领域。改革开放以来，随着马克思主义中国化以及中国特色社会主义理论体系的创建，思想政治理论课的专业性日趋凸显，对高校思想政治理论课专任教师队伍的专业化提出了新要求，只有不断提高思想政治理论课教师的专业化水平，才能更好地发挥思想政治理论课的育人作用。高校思想政治理论课专任教师队伍建设是这支队伍专业化发展的必然要求。

（三）构建高水平人才培养体系的需要

教育是国之大计、党之大计。提高教育质量，教师是决定因素，人才培养的关键在教师。我国对高水平人才的定义是德智体美劳全面发展，其中，"德"是首要素质。思想政治理论课是塑造大学生正确"三观"的关键课程，在我国高校的高水平人才培养体系中居于核心地位。大力加强思想政治理论课专任教师队伍建设，有利于提升人才培养质量，更好地助力于高水平人才培养体系的构建。

二、高校思想政治教育专任教师队伍建设的不足

（一）不注重思想政治理论课专任教师队伍建设

部分高校不够重视思想政治理论课专任教师的队伍建设，没有专门研究和部署这支队伍的建设问题，缺少队伍建设的中长期规划和相应的政策机制，直接影响了这支队伍的成长和可持续发展。在思想政治理论课专任教师队伍建设的经费投入上，部分高校明显不足，导致教学和科研的软硬件水平不高，教师待遇较低，教学经费、科研经费、考察经费等较为短缺，直接影响了队伍的学历以及专业水平的进一步提升，使队伍缺乏应有的活力，发展跟不上时代的需要。部分高校未按国家要求配齐、配强思想政治理论课专任教师队伍，导致队伍超负荷运转，工作压力大。

（二）思想政治理论课专任教师队伍建设的机制不完备

高校思想政治理论课专任教师承担着宣传党的理论、路线、方针和政策的重要使命以及引导大学生树立正确"三观"的重大责任，对其任职标准应当有特别的要求。部分高校没有制定严格的思想政治理论课教师的任职标准和准入机制，对教师政治素养和道德素质的考察没有引起足够重视，在源头上没有把好"入口关"。部分高校对思想政治理论课专任教师考评工作的重视程度不够，未充分认识到思想政治理论课专任教师考评工作的特殊性，没有在某些政策上做相应的引导和倾斜，考评机制过于单一，考评结果与教师待遇脱钩严重，使考评的效果大打折扣，未能很好地起到调动思想政治理论课专任教师工作积极性的作用。

思想政治理论课是高校学生的公共必修课程，相较于其他专业课教师，思想

政治理论课专任教师的教学任务普遍更为繁重，面临更大的工作压力，容易产生职业倦怠。有些高校重专业课、轻公共课，导致思想政治理论课专任教师的地位和待遇偏低，职业荣誉感、满意度和获得感不强。

（三）思想政治理论课专任教师队伍的素养能力较低

高校思想政治理论课专任教师队伍质量参差不齐，部分教师存在以下问题：政治修养不强，理念信念弱化，甚至对中国特色社会主义没有足够坚定的信念；道德品质不高，奉献意识淡薄，敬业精神不强，自律性较差；专业理论功底薄弱，知识面狭窄，上课照搬教材，教学内容既无法紧跟日新月异的社会发展形势，也不能联系不断变化的大学生思想状况，对绝大多数大学生关心的难点、热点问题无法进行有效解答和回应；专业技能欠缺，教学手段和教学方式比较单一、僵化、陈旧，教学的针对性、实效性、灵活性和创新性不强，灌输有余，启发不足，削弱了大学生在思政课学习中的主体地位；教研、科研方面的能力薄弱，导致思想政治理论课的教研和科研缺乏成熟的教育理论研究支撑。值得关注的是，为充实高校思想政治理论课教师队伍，除了马克思主义理论和思想政治教育专业人才，高校还从人文社科其他专业、行政管理人员、辅导员队伍等群体中引进了部分教师从事思想政治课的教学和科研工作。在某种程度上，这部分"半路出家"的高校思想政治理论课专任教师的素养能力更加需要提升。

三、高校思想政治教育专任教师队伍建设的策略

（一）重视思想政治理论课专任教师队伍建设

第一，高校要在思想上高度重视思想政治理论课专任教师队伍建设，科学制订思想政治理论课专任教师队伍建设的短、中、长期规划。在制订这支队伍的建设规划时，必须正确把握以下两个关键问题：首先，"是什么"，即应当充分认识这支队伍的特定内涵和既定使命。其次，"怎么办"，即应该在科学遵循队伍建设的一般规律的基础上，充分考虑这支队伍建设的特殊性。

第二，高校应该为思想政治理论课专任教师队伍建设提供坚实的组织保障，包括两个方面：首先，思想政治理论课专任教师队伍建设的领导体制，即由高校

党委全面领导、统筹规划思想政治理论课专任教师队伍建设工作。其次，思想政治理论课专任教师队伍建设的工作机制，即由学校人事处、党委组织部等相关职能部门根据各自工作职责，分工协作，合力做好思想政治理论课专任教师队伍建设工作。学校党委和相关职能部门应该加强领导，统筹安排，及时分析和研判队伍建设中存在的问题并加以妥善解决。

第三，校、院（系）两级要加强对思想政治理论课专任教师的人文关怀，通过召开思想政治理论课专任教师座谈会、组织思想政治理论课专任教师填写问卷、与思想政治理论课专任教师一对一谈话等方式，了解思想政治理论课专任教师遇到的实际困难和内心诉求，第一时间妥善地解决，进一步提升思想政治理论课专任教师的工作热情和积极性。

（二）保障和促进队伍的长效发展

第一，严格选聘机制。坚持"德才兼备、以德为先"，把符合思想政治理论课教师"六要"新要求、新标准的优秀力量纳入高校思想政治理论课专任教师队伍。尤其值得注意的是，因高校思想政治理论课专任教师身份和使命的特殊性，相比于其他专业课教师，在选聘时，应该特别考察思想政治理论课教师是否具有坚定的理想信念，确保队伍在政治上的纯洁性。思想政治理论课专任教师只有"真信"，才能最大限度地让信仰发挥应有的力量，让信仰真正深入大学生的内心。"有信仰的人讲信仰"是思想政治教育取得实效的重要保证。

第二，健全考评机制。对高校思想政治理论课专任教师的考评，要考察教学效果、科研能力，更要考察政治素养、师德师风，坚持教学、学术与政治的统一，在评价体系上必须坚持多元化，在充分考量多种因素的基础上，科学设定每种因素的权重。考评结果只有与激励机制相结合，才能发挥正向引导作用，因此应该将考评结果与思想政治理论课专任教师的评奖评优、职称评定等结合起来，营造锐意进取、百舸争流的良好氛围。

第三，完善激励机制。通过设立专项津贴、专门项目和特别奖项，提高思想政治理论课专任教师的工作报酬和福利待遇，树立宣传先进典型等方式，提升其社会地位和政治地位，进一步增强高校思想政治理论课教师的使命感、荣誉感、获得感和幸福感。

（三）健全培养体系

第一，因地因校制宜，探索建立分级分类的专业化培训体系。在培训计划上，既要立足于解决当下之需，又要注重前瞻性、着眼未来，将近期安排与中长期规划相结合，实现培训的体系化、规范化。在培训机构上，充分依托三级思想政治理论课教师培训机构，即全国培训基地、省（市）培训基地、高等学校培训机构，实现培训的全方位、多级化。在培训方式上，将任前培训、各级研修、主题培训、理论大讲堂等多种方式有机结合，实现培训的全员化、立体化，满足不同培训对象的个性化需求。从思想建设、知识建设、技能建设、形象建设等多方面入手，全面提升思想政治理论课专任教师的质量，切实增强队伍建设实效。

第二，坚持实践导向，积极开展高校思想政治理论课专任教师的实践培训。高度重视社会实践的重要功能，引导思想政治理论课专任教师积极开展实地调查、考察、研究，鼓励思想政治理论课专任教师到企事业单位挂职锻炼，让思想政治理论课专任教师在实践中拓宽视野，紧跟热点，搜集素材，提高结合鲜活事例宣讲理论政策，以及结合大学生的特点回应其所关切的社会问题的能力。

第三，整合优质教学资源，实现全国思想政治公共课教学资源的共建共享。鉴于思想政治理论课要求的全国统一性，可以整合全国的优质资源，大力加强思想政治公共课教学资源建设。由于我国思想政治理论课专任教师的自身素质存在差异，各个高校的思想政治理论课教学水平参差不齐。全国性思想政治公共课教学资源的建设，能够在很大程度上实现思想政治理论课教学资源的共享，既有利于思想政治理论课整体教学水平的提高，又有利于思想政治理论课专任教师专业水平的提升。

第三节　班主任与辅导员队伍建设

高校辅导员是高校教师中的一支特殊且举足轻重的力量。因为岗位的特殊性，辅导员工作涉及大学生学习、生活、价值观塑造等多个方面，在大学生的健康成长中，辅导员既是大学生的指航灯，又是能够深入大学生内心的良师益友。《普通高等学校辅导员队伍建设规定》指出："辅导员是高等学校教师队伍和管理队伍的重要组成部分，具有教师和干部的双重身份。辅导员是开展大学生思想政治教育的骨干力量，是高校学生日常思想政治教育和管理工作的组织者、实施者和指导者。"赋予高校辅导员以双重身份，充分体现了党和国家对这支队伍的高度重视。在新时代，采取有力措施，打造一支政治硬、业务精、素质高的辅导员队伍，有利于进一步夯实大学生思想政治教育工作，实现社会主义人才培养目标。

一、高校辅导员队伍建设的意义

（一）促进大学生的健康成长和全面发展

人才培养是高等教育最核心和最根本的任务。要促进大学生的健康成长和全面发展，必须坚持贯彻全员全过程全方位育人。作为高校教师的重要组成部分，辅导员与广大大学生的接触和联系最为紧密，在大学生成长的关键阶段发挥着领航的作用，既是大学生的良师也是益友，高校辅导员队伍的整体素质对高校的人才培养质量有着举足轻重的影响。新时期，国际国内环境发生深刻变化，高等教育面临着各种挑战和难题，同时多元化环境催生了大学生的多元化需要，亟需一支高水平的辅导员队伍应对各种挑战和难题，提出多元化的解决方案，大力加强辅导员队伍建设，确保辅导员全面把握高等教育、思想政治和大学生成长成才的规律及方法，充分胜任思想政治教育、生涯规划、学业指导、心理健康教育等专业性非常高的工作，助力大学生的成长成才。

（二）增强大学生思想政治教育工作实效

全球信息网络化的迅猛发展，使高校思想政治教育工作面临着严峻的挑战，如何更加有效地开展大学生思想政治教育是高等学校必须解决的紧迫问题。由于辅导员工作职责的特殊性，较之其他高校教师群体，辅导员跟大学生的联系更为密切，在日常工作中能够更加深入地介入大学生思想、学习、工作、生活的各个方面，从而对大学生产生更加深远的影响。作为大学生思想政治教育工作的主体力量，辅导员队伍的整体水平能够影响大学生思想政治教育工作的实际效果。

（三）有利于辅导员的自身发展

当下，高校辅导员队伍存在着社会地位和待遇不高、职业认同感低、活力不足、稳定性差、职业化和专业化程度不高等现象。只有坚持以辅导员发展为本，不断重视和加强队伍建设，才能进一步提升辅导员工作的规范性和精细化程度，推动辅导员队伍的专业化和专家化，增强辅导员的身份认同和职业荣誉感，使辅导员队伍更加有活力和战斗力，保证辅导员队伍的健康、可持续发展。

二、高校辅导员队伍建设的不足

目前，我国高校辅导员队伍存在定位不明确、人员不稳定、专业化不强等诸多问题，阻碍了高校辅导员队伍战斗力的发挥，影响了高校思想政治教育的实际效果。

（一）辅导员的角色定位尚不明确

根据相关规定，我国高校辅导员既是干部又是教师，在工作中履行思想政治教育等九大职能。但是，现实中不少高校对辅导员的角色定位出现了认知偏差，仅将辅导员视为处理学生日常事务的最基层工作者，所有涉及大学生的校级职能部门都能够直接向辅导员布置大量工作，导致辅导员只能将大量时间和精力花在日常事务性工作上，对大学生"三观"塑造等更为重要的工作却无力深入开展。

（二）辅导员队伍的稳定性较低

高校辅导员面对的学生人数众多、个体差异大，日常工作多、耗时长、难度高、责任大，导致辅导员超负荷运转，面临较大的工作压力和心理压力。由于工作的特殊性，辅导员日常开展的很多工作都不能产生立竿见影的显性效果，导致辅导员难以体会到工作带来的成就感，从而缺乏自我价值感，容易产生职业倦怠。在工作中，辅导员要同时面对学校（学院）、学生、家长三种不同身份的对象，满足他们的不同期待，容易造成辅导员的角色冲突和角色紧张。不少高校存在辅导员地位边缘化现象，辅导员的地位和待遇较低，职务职称上升困难，晋升问题得不到有效解决，导致很多辅导员看不到职业发展前景，容易缺乏职业归属感和认同感。以上原因的叠加影响，使得部分辅导员缺乏身份认同，不少人将辅导员职业作为"跳板"和"过渡"，从踏入辅导员队伍伊始就怀揣择机"转岗""转行"的想法，导致辅导员队伍的职业寿命相较于高校其他教师群体普遍较短。

（三）辅导员队伍的专业化水平有待提升

高校辅导员在工作中必须"多管齐下"，日常工作涉及学生的思想、学业、心理健康等方面。为了应对这些繁多而且复杂的工作，辅导员不仅要有广博的知识，还需要有过硬的相关业务技能。当下，我国高校没有设置与"辅导员职业"相对应的"辅导员专业"，与辅导员要承担的复杂工作相比，辅导员的专业知识结构相对来说比较单一。同时，现有高校辅导员一般来源于应届毕业生，其中多数学生不具备思想政治教育所需要的实践经历或工作经验，从这个层面来讲，辅导员的专业技能存在"先天不足"的情况，辅导员队伍的专业化水平难以满足一线学生工作的现实需要。

三、高校辅导员队伍建设的策略

（一）落实双重身份的管理体制

相关规定赋予高校辅导员以"教师＋干部"的双重角色，既是辅导员特殊工作职责的特殊要求，又是辅导员队伍长期发展的必然要求。这种具有中国特色的双重身份管理体制是长期实践探索的结果，是一条不可多得的宝贵经验，有利于提高辅导员地位，鼓励辅导员安心做好本职工作。新时期要继续以贯彻落实辅导员双重身份管理体制为主线，结合辅导员的工作实际，打通"双向成长"通道，构建双线晋升、激励机制，从根本上保证双重身份管理体制的贯彻落实。

（二）构建制度保障机制

辅导员队伍建设是涉及诸多方面的系统工程，需要建立一系列长效机制作为队伍建设的保障。

第一，选聘机制。应该制定辅导员准入制度，从入口严格把关，把真正德才兼备、甘为人梯、热爱辅导员事业的优秀人才吸纳到辅导员队伍。

第二，激励机制。合理地定位辅导员的工资水平，优化辅导员薪酬结构，适当提高辅导员的经济地位和待遇。根据辅导员的岗位特殊性实行弹性工作制，减少辅导员的事务性工作，缓解辅导员的工作压力。在职务和职称评定上，对辅导员给予适当的政策性倾斜。

第三，考评机制。制定和完善考核制度，坚持以工作业绩为导向的评价标准，发挥考核的正向激励作用，将考核结果与辅导员的工资待遇、评奖评优、职称评定等实际利益挂钩。

第四，发展机制。立足于辅导员的角色定位，通过顶层制度设计为广大辅导员创造施展抱负的条件、平台和空间。排除干扰，创造条件，确保辅导员能够聚焦于"思想政治教育"等主要工作。在人、财、物等诸多方面对辅导员自身发展和队伍建设进行倾斜，进一步增强辅导员的身份认同感和职业归属感。

（三）深入推进辅导员队伍的专业化、专家化

只有专业化的职业才能够被社会所尊敬，这是社会职业的铁律之一。一个人人都可以从事的职业注定不会有社会地位。[①]新形势下，着眼于辅导员的长远发展，坚持"使用和培养并重"的原则，促进辅导员的专业化和专家化，是辅导员队伍建设的重要措施。

第一，完善在职研修制度，建立健全国家、省（直辖市）、学校三级研修体系，满足初级、中级、高级三个不同级别辅导员的研修需求。

第二，鼓励辅导员在职攻读与本职工作相关的高一级学位，进一步提升专业知识素养。

第三，加大辅导员培训力度。教育主管部门和各类高校是辅导员队伍培训的主体力量，应该因时因地制定培训方案，构建立体化、过程化、全员化的辅导员培训体系。在培训课程与内容上，应当以工作现实需要为切入点，将辅导员的工作技能作为培训重点，区分初级、中级和高级辅导员的实际情况和需求，针对性设计不同模块培训课程。

第四，大力探索将辅导员不同模块的工作转化为专门化课程，各个高校可以结合具体情况，搭建校级层面和院（系）层面的协力平台，成立思想政治教育、生涯学业指导等方面的教学团队，引导和鼓励辅导员根据自身专业背景和兴趣，加入相关领域的教学团队。

---

① 齐明. 高校辅导员职业化建设的要求 [J]. 思想政治教育研究，2008（01）：119-121.

第三章　新时代大学生思想政治教育现状

本章主要介绍新时代大学生思想政治教育现状，主要介绍三方面的内容，分别为新时代大学生思想政治教育的挑战、新时代大学生思想政治教育的机遇、新时代大学生思想政治教育的对策。

第一节　新时代大学生思想政治教育的挑战

高校思想政治工作存在的问题制约着大学生思想政治教育的发展。全球化、经济市场化、新科技革命在给思想政治教育提供机遇的同时，也带来了诸多挑战。全球化影响了大学生对中国特色社会主义道路、理论、制度、文化的认同，中国经济社会转型过程中的负面因素对思想政治教育产生了消极影响，以互联网广泛应用为标志的新科技革命加大了思想政治教育的引导与疏导难度。科学认识这些挑战是加强大学生思想政治教育的关键。

一、经济社会转型带来的问题

（一）各类难题

随着社会主义市场经济体制的改革，所有制结构和分配方式发生了深刻的变化，加之区域因素、政策因素影响，居民收入拉开差距并呈现分化状态，收入差距加大，随之而来的是各类社会民生问题的呈现。当前，我国经济增长进入新常态，具体来看，房价、城市治理、留守儿童、医疗卫生、乡村教育、扶贫攻坚等问题依然突出。民生问题既是经济问题、社会问题，又是政治问题。我国经济社会转型期的民生问题，是国家和政府要面对的重要问题，民生问题能否得到解决，体现出我国政府是否有足够的政治意志和政治决心，也反映着党和政府落实以人民为中心的思想和治国理政理念。突出的民生问题给思想政治教育带来难题，财富分配不均、利益格局调整、社会结构分化、社会矛盾突出，这些关乎生存的民生问题有待引起高度重视并逐步解决。民生问题解决得好坏，直接体现党的执政能力、执政水平是否到位和执政地位是否稳固。

（二）多元化价值观

随着我国社会主义市场经济的发展，资产阶级的自由主义、个人主义、享乐主义等价值观不断冲击、挑战着社会主义核心价值观，对社会发展产生负面作用。这些资产阶级价值观对大学生的价值观、人生观的形成产生不利影响，误导他们做出错误的行为。随着我国经济社会转型深入推进，这些多元化的西方价值观将对大学生的世界观、人生观、价值观产生深远的影响。

二、新科技革命带来的挑战

新科技革命在推动社会经济发展的同时，也给大学生思想政治教育发展带来了新的挑战。信息化、网络化加大了思想政治教育的引导与疏导难度，挑战大学生甄别信息的能力，学生个人的生活习惯也给错误思潮以可乘之机。

（一）信息化加大思想政治教育难度

移动互联网等新媒体发展迅速，给信息的获取、传播带来了很大的便利，大学生使用互联网浏览新闻、发表评论、互动跟帖，摆脱了时空的限制与约束，然而信息化、网络化导致各类信息鱼龙混珠，一些人对流传的负面消息和图片进行二次甚至多次的解读、编写，容易在网上产生不良的影响。微博、微信等大学生常用的媒体平台因信息量巨大，内容繁杂，鱼目混珠，容易对大学生政治倾向和价值观产生误导作用。

（二）挑战大学生甄别信息的能力

互联网为信息发布与共享提供了畅通的渠道，成了人们获取各类信息的工具，尤其是近年来移动终端设备的发展带动了移动互联网的飞跃发展。大学生使用手机畅游移动互联网获取各类信息，由于他们处于理论知识的学习阶段，知识体系和思维方式处于积累过程中，对社会缺乏深入的认知和理解，尚未形成一套成熟的知识系统与思维体系，缺乏对事件和问题的科学分析和辩证看待，在复杂化的网络内容面前，难以完全分清与剔除负面消息，不可避免地受到互联网的负面影响，这就给错误思想、思潮以可乘之机。

三、高校思想政治教育中存在的不足

在高校思想政治教育方面面临的客观条件在不断变化，外部冲击力度加大，转型过程中的客观不利因素增多，从高校思想政治教育工作自身来看，也面临不少问题。

（一）思想政治教育工作上的不足

思想政治工作不仅体现在教学上，还体现在党建工作、团务工作、学生工作中。高校党建工作普遍存在基层组织弱化、党员培养教育工作不到位的现象。共青团、学生工作中也存在重业务、轻思想、轻政治建设的现象，在对党员、团员、学生工作的考核中，思想道德建设标准考核、量化手段不足，流于形式化的现象严重。队伍思想状况不够稳定，党员身份淡漠化，基层党组织活动形式单调、流于表面。部分高校思想政治教育问题意识、对象意识不足，对思想政治教育的理论研究和实践活动不够。院系层面，中层领导班子关于思想政治教育重要性的意识淡薄，在教学管理工作、学生工作中思想政治教育融合度不够。学校层面，在统筹全局性思想政治教育工作中，对本校大学生思想政治教育理论研究工作的引导和激励不足，在具体的实践活动中又缺少必要的支持。一些中层领导自身对思想政治教育知识结构、储备以及认识有偏差，导致思想政治教育活动开展效果不佳，只重视常规业务性工作却忽略了大学生思想政治教育工作。

（二）思想政治理论课教学方法存在不足

"灌输论"作为我国思想政治教育的主要教学方法，在过去很长一段时间，尤其是在计划经济时期起到很大的作用，但是随着改革开放和市场经济的发展，大学生个体特征发生较大变化，"灌输论"已经表现出弊端，如果不能有效创新教学方法，思想政治教育的效果就会大打折扣。高校思想政治理论课存在课堂教学模式僵化、学生厌学、教学效果不佳的实际情况，学生对思想政治理论课的学习存在应付心理，迟到、早退、旷课，考试前临时突击，有些学生把思想政治理论课仅作为考研的学习内容，主张"及格万岁"，长期以来，思想政治理论课教师上课信心不足。有些思想政治理论课教师的教学形式单一，照本宣科，缺乏互动，教学技能停留在多年以前的状态，显然这种情况下的教学效果就会严重下降。就其内容来讲，也存在一定的问题，大学生的马克思主义理论课和思想品德课两课教材与高中的政治课内容相差无几，形式单一，内容单调，容易引起学生反感。如果对理科学生讲课采取文科的方式方法，千篇一律，不注重学生特点，不加以区别对待，就会降低思想政治理论课效果。

（三）辅导员履行思想政治工作的能力有待提升

辅导员在大学生思想政治教育中扮演的角色至关重要，其常规业务工作的繁重等原因导致其履行思想政治工作的能力不足。高校辅导员直接从事大学生日常管理，扮演着学业的导师、职业的规划师、心灵的雕塑师等角色，从实际情况看，辅导员因业务类工作繁忙，安排和布置业务性的工作较多，对大学生的思想建设和政治培养不够，这些实际情况制约了辅导员的思想政治功能的发挥。各高校在招聘、引进辅导员的时候，没有对专业对口做严格的要求，理工类或非思想政治教育专业类辅导员的思想政治教育工作能力存在不足。高校辅导员业务工作涉及招生、就业、资助、党建、评优评先、学科竞赛，涉及学生的生活管理各个方面，其每日忙于处理各类学生事务，思想政治教育科研能力弱化。重点大学信息化建设水平较高，学生的自主管理能力较强，普通本科、高职院校学生自主管理能力相对较弱，辅导员需要处理大量事务，对工作的系统思考、理论总结及培训不足，对思想政治工作科学研究更是少之又少，缺乏经验的总结和科研的凝练，思想政治教育工作创新能力提升缓慢。

（四）非思想政治理论课教师协同不足

做好高校思想政治工作，要用好课堂教学这个主渠道，思想政治理论课要坚持在改进中加强，提升思想政治教育的亲和力和针对性，满足学生的成长发展需求和期待，其他各门课都要"守好一段渠、种好责任田"，使各类课程与思想政治理论课同向、同行，形成协同效应。眼下，高校非思想政治理论课教师在传授知识方面表现较好，然而在德育功能发挥上存在不足，这主要体现在教师课堂上单纯授课，课下与学生交流少，成为良师容易，成为益友却难，缺少必要的德育教育，师生之间的感情就会淡漠。高校教师应兼备教书与育人的双重责任，习近平总书记在《做党和人民满意的好老师——同北京师范大学师生代表座谈时的讲话》中谈到，做好老师，要有理想信念，要有道德情操，要有扎实学识，要有仁爱之心，这"四个要有"充分体现了好老师的共同的、必不可少的特质。① 从实际情况看，不少高校的专业教师认为思想德育、政治教育应该由政治课教师、辅导员负责，与专业教师无关，加之专业课教师平时忙于科研与备课，课后与学生沟通较少，学生缺少与专业课教师之间面对面的课下交流，生活与情感方面的谈心更少。这样一来，专业教师也无从了解学生的思想动态，教书育人的德育功能显然不能有效发挥。

第二节　新时代大学生思想政治教育的机遇

一、贯彻习近平新时代中国特色社会主义思想

党的十八大以来，以习近平同志为核心的党中央科学把握当今世界和当代中国发展大势，顺应实践要求和人民愿望，把握全局、运筹帷幄，统揽伟大斗争、伟大工程、伟大事业、伟大梦想，统筹推进"五位一体"总体布局，协调推进"四个全面"战略布局，② 以巨大的政治勇气和强烈的责任担当，提出一系列新理念、新思想、新战略，出台一系列重大方针政策，推出了一系列重大举措，推进了一系列重大工作，解决了许多长期想解决却没有解决的难题，办成了许多过去想办而没有办成的大事，推动党和国家事业发生历史性变革。党的二十大开启了新征程——全面建成社会主义现代化强国、实现第二个百年奋斗目标，以中国式现代化全面推进中华民族伟大复兴。

① 习近平. 做党和人民满意的好老师——同北京师范大学师生代表座谈时的讲话 [N]. 光明日报，2014-09-10（02）.
② 李洪峰. 新时代的历史方位 [EB/OL]（2017-12-04）[2023-04-01]. https：//news.12371.cn/2017/12/04/ARTI1512351317113478.shtml?from=groupmessage&isappinstalled=0.

第一，发展理念和发展方式发生历史性变革。面对世界经济发展不平衡、不协调、不可持续问题突出的不利条件和复杂形势，党中央果断做出我国经济发展进入新常态的重大判断，提出创新、协调、绿色、开放、共享的新发展理念，[①]加快完善使市场在资源配置中起决定性作用和更好发挥政府作用的体制机制，坚定不移推进供给侧结构性改革，接连推出"一带一路"建设、京津冀协同发展、长江经济带发展、创新驱动发展等重大战略，加快推进经济结构调整和新旧动能转换，大力推进精准扶贫、精准脱贫，保持我国经济中高速增长。民生和社会建设持续推进，公共服务水平全面提高，人民生活不断改善，城乡居民收入增速超过经济增速，脱贫攻坚成就巨大。

第二，体制机制发生历史性变革。党中央果断作出全面深化改革的重大战略决策和部署，成立中央全面深化改革委员会，加强党对全国改革的顶层设计和集中统一领导，着力增强改革的系统性、整体性、协同性，拓展改革的广度和深度。重要领域和关键环节改革取得突破性进展，主要领域改革主体框架基本确立。司法体制、农村土地"三权分置"、户籍制度、考试招生制度、公立医院、生态环保等关乎民生的改革举措陆续落地实施，使各方面体制机制弊端阻碍全社会创造力和发展活力的状况得到明显改变，人民群众的获得感不断增强，全面深化改革成为当代中国最鲜明的特征。

第三，全面依法治国发生历史性变革。党中央果断作出全面推进依法治国的重大决策，统筹加强科学立法、严格执法、公正司法、全民守法各环节建设，统筹推进法治国家、法治政府、法治社会一体建设，开展国家监察体制改革试点，全面推进行政体制改革、司法体制改革、权力运行制约和监督体系建设，着力建设中国特色社会主义法治体系，有效提高了国家机构依法履职能力，有效提高了各级领导干部运用法治思维和法治方式解决问题、推动发展的能力，有效增强了全社会法治意识，有效促进了社会公平正义，维护了人民群众的合法权益，显著增强了党运用法律手段领导和治理国家的能力。

第四，国防和军队现代化发生历史性变革。坚持改革强军，全面深化国防和军队改革，形成军委管总、战区主战、军种主建新格局，人民军队组织架构和力量体系实现革命性重塑。坚持战斗力根本标准，推进科技兴军，加强练兵备战，

---

① 马建堂. 党领导我们奋进在伟大复兴道路上 [M]. 北京：中国发展出版社，2021.

注重军民融合。坚持依法治军、从严治军，推进治军方式根本性转变。加强党对人民军队的绝对领导，国防和军队改革取得历史性突破，实现了人民军队政治生态重塑、组织形态重塑、力量体系重塑、作风形象重塑，显著提高了国防实力和军队现代化水平。

第五，推进中国特色大国外交发生历史性变革。党中央果断对外交总体布局作出战略谋划，坚持统筹国内国际两个大局，推进全方位外交，提出构建人类命运共同体，坚持正确义利观，阐明我国的发展观、合作观、安全观、全球治理观、经济全球化观等，倡议和推动"一带一路"建设，构建覆盖全球的伙伴关系网络，积极参与和引领全球治理改革，在对外工作上取得一系列新突破，形成全方位、多层次、立体化的外交布局。提高我国的国际影响力、感召力、塑造力，推动构建新型国际关系，营造了我国发展的和平国际环境和良好周边环境，提高了我国参与全球治理的能力和水平，为我国的发展在国际上赢得了战略主动，我国在国际力量对比中面临的不利状况得到明显改善。

这些年的成就是全方位、开创性的，变革是深层次、根本性的，对党和国家事业发展产生了重大深远的影响，推动了我国经济实力、科技实力、国防实力、综合国力进入世界前列，推动我国国际地位实现前所未有的提升，党的面貌、国家的面貌、人民的面貌、军队的面貌、中华民族的面貌发生前所未有的变化，为新时代奠定了坚实的基础。

党的十九大站在新时代的高度，郑重提出了用习近平新时代中国特色社会主义思想武装全党的历史性任务。由此，用习近平新时代中国特色社会主义思想武装大学生，也成为一个顺理成章的新课题。当青春遇上新时代，青春就被赋予了新时代的责任。用习近平新时代中国特色社会主义思想武装大学生，是新时代的呼唤，更是高校思想政治理论课教师的历史责任和使命担当，实现中华民族伟大复兴的中国梦，其中关键在于培养中国特色社会主义事业的建设者和接班人。用习近平新时代中国特色社会主义思想武装大学生，是培养中国特色社会主义事业的建设者和接班人的基础性工程。要把用习近平新时代中国特色社会主义思想武装大学生提升到培养"有理想、有本领、有担当"的中国特色社会主义事业建设者、接班人和培养实现中华民族伟大复兴中国梦的生力军的高度去认识，这是用习近平新时代中国特色社会主义思想武装大学生的政治站位要求。首先，要坚持办好中国特色社会主义大学。要坚持办什么样的大学、如何办大学、培养什么样的人、如何培养人的高校思想政治工作明晰定位，真正做到"在马学马、在马懂马、在马信马、在马讲马、在马研马、在马用马"，充分彰显中国社会主义高校的鲜明标识和亮丽底色，使"学起来，教起来，传起来，研起来，干起来，实起来"的要求落到实处，真正"热起来、动起来、潮起来"。其次，把握新要求。要深刻把握"用习近平新时代中国特色社会主义思想武装大学生"对思想政治理论课教学的新要求，自觉把思想政治理论课教学放到高校立德树人的中心环节中去设计，放到党和国家的发展大局中去考量，放到教育强国战略的历史责任和使命担当中去谋划，在当下就是要把精准学习习近平新时代中国特色社会主义思想的科学内涵、精神实质与思想政治理论课教学改革要求紧密结合起来，以学习和传播习近平新时代中国特色社会主义思想的成效，进一步推动思想政治理论课教学的改革、发展和创新。最后，讲信仰、讲理想。要打造信道、明道的思想政治理论课队伍，培养有理想信念、有道德情操、有扎实学识、有仁爱之心的"四有"教师，真正让有信仰的人讲信仰，让有理想的人讲理想。

二、全球化带来的机遇

中国特色社会主义市场经济改革与发展不断深入推进，加速了中国社会变迁，使得竞争观念、平等观念、自由观念、民主观念等进一步深入人心。以互联网和移动技术为先锋的新科技革命快速发展，互联网的广泛应用使人们可以自由地获取信息与交流，这些给大学生思想政治教育构建了新的环境，创造了新的条件，提供了新的机遇。全球化带来的机遇在全球化进程中使资本、技术、人才等各类要素在全球范围内流动，推动了经济、政治、文化的深入交流。大学生以各种形式与途径参与全球化，增加了对世界其他国家发展现状的直观认识，开阔了大学生的国际视野。国与国之间的经济、文化、科技交流与学习，使大学生有机会、有条件对比中西发展道路、理论、制度、文化，了解各自的发展优劣势，有利于增强大学生对中国特色社会主义的道路自信、理论自信、制度自信、文化自信。

全球化有利于增强中国特色社会主义道路自信。当前，中国综合国力大幅度提升，对比西方国家近年来的发展状况，其经济发展与社会治理面临各种困境，反观中国经济快速发展所取得的成果，大学生对中国特色社会主义道路的自信便会大大增强。可以说，中国过去几十年走出了一条不同于西方却更加成功的现代化之路，并取得了巨大的成就。这条道路的成功，开启了多元化发展道路的时代，是对人类社会发展规律的新探索，为全世界特别是广大发展中国家提供了一种可资借鉴的发展道路。历史和实践雄辩地证明，西方现代化道路并非放之四海皆准的"普世道路"，中国特色社会主义道路符合中国国情，指引中国人民走向了繁荣富强，增进了人民的福祉，为破解人类面临的共同难题提供了"中国方案"。无疑，中国的崛起使大学生更加坚信中国特色社会主义道路的正确性。

全球化有利于增强中国特色社会主义理论自信。经济全球化使得现代化中西方理论能够放在一起作充分比较，以此发现优劣之处。大学生认识到自由主义、民主主义等曾经作为探索中国发展道路的西方理论方案行不通。四十几年来中国改革开放取得的成果，以及对比世界其他发展中国家的发展现状，大学生认识到中国特色社会主义理论体系指导中国人民改革开放，具有科学性、人民性和开放性，为当代中国指出正确的发展道路和方向，迎来了中华民族伟大复兴的光明前景。特别是党的十八大以来，习近平总书记站在时代发展和战略全局的高度，在改革发展稳定、内政外交国防、治党治国治军等方面发表了一系列重要讲话，形成了一系列治国理政的新理念、新思想、新战略，深刻回答了党和国家发展的重大理论和实践问题，为理论自信增添了新的底气。[①] 这些坚定了大学生对中国特色社会主义理论的自信。

全球化有利于增强中国特色社会主义制度自信。中西不同国别的交流，为大学生开展制度比较研究提供了机会，通过比较各国的社会制度，认识到中国特色社会主义制度是历史的选择、人民的选择，是中国共产党领导中国革命、建设和改革的经验智慧结晶，是当代中国立足国情、继承传统、人民至上、包容互鉴、求同存异的最新成果。中国特色社会主义制度经历了实践检验，显示出巨大优势，随着时间推移，它独特的世界性价值正赢得越来越多人的认可。显然，全球化提供了便利的条件，使学生能够比较研究，发现和认识到中国特色社会主义制度的科学性、优越性、先进性。

全球化有利于增强中国特色社会主义文化自信。全球化促进了我国文化繁荣发展，丰富了人民群众的文化生活，加快了我国文化对外传播。中西文化交流愈

---

① 谭小琴. 中国特色社会主义理论与实践研究学习指南 [M]. 天津：天津人民出版社，2021.

加频繁，各类书籍、期刊、报纸愈加丰富，尤其是在互联网快速发展的条件下，大学生通过电脑、手机等电子设备得以充分了解西方文化。通过学习和对比，能够认识到中国特色社会主义文化既传承了中华优秀传统文化的精粹，又吸收了西方先进文化的养分，还继承和发扬了中国共产党领导创造的革命文化和社会主义先进文化；认识到西方自由民主文化是基于基督教文明与资本主义精神。中国历史文化传统和国情有着独特性，中国文化发展必须走独立自主的道路，不能照搬照抄西方自由民主文化，探索中国社会发展不可能脱离特定的历史条件和文化传统。全球化给中国文化对外传播提供了条件和平台，提高了中国文化的对外影响力，彰显了中国文化的价值。随着全球化推进，文化多样化深入发展，大学生对中国文化在世界范围内的影响力有了全新的认识，增强了中国特色社会主义文化自信。

三、市场经济带来的机遇

随着社会主义市场经济不断地改革与发展，公平竞争意识、自由平等意识、民主法制意识等观念进一步深入大学生内心，社会主义市场经济使受教育者的主体地位明显提升，这些观念和意识逐步改变了教育者和受教育者之间的传统地位，师生之间的互动性得以加强，大学生分析与解决问题的能力得以提升，有更多的机会把理论与实践相结合，教育者和受教育者共同参与度提高，有利于更好地开展思想政治教育。

社会主义市场经济有利于增强师生之间的互动。在社会市场经济地位没有确立以前，尤其是在计划经济时代，思想政治教育方法较为单一，主要是教育者向受教育者灌输理论，受教育者处于被动地位，教育者和受教育者之间的地位不对等。市场经济中的平等、自主、参与、竞争等意识深入人心后，当代大学生主体地位意识显著增强，受教育者在学习中更愿意突出自己的地位，更希望与教师互动，更乐于把自己的观点在课堂上进行分享，在教学活动中，学生的参与性、积极性、需求性也较高，思想政治教育的第一课堂和第二课堂变得更加活跃，这些都增加了思想政治教育的实效性。

社会主义市场经济为大学生提供了理论与实践相结合的机会。随着市场经济的发展，经济越繁荣，大学生越有机会参与市场经济实践活动，在市场经济参与过程中获得大量的学习素材、资料、案例，学生能够把课堂理论和社会实践相结合，二者之间相互作用、相互影响。在课堂学习中，学生能够思考社会中的各类现象和问题，在社会生活中，有更多机会把课堂所学知识运用到对现象的分析、问题的解决上。不仅如此，社会主义市场经济发展提升了大学生分析与解决现实问题的能力，大学生作为受教育者，除了在校园内获得理论知识、科学方法，还从与其他公民交往中获得了生活经验、工作技巧等。总之，市场经济发展使大学生积极参与市场活动的意识显著提高，他们在分析与解决问题的能力上得到了整体性的发展。

社会主义市场经济为思想政治教育提供了物质基础。思想政治教育活动作为教育活动的有机组成部分，需要赖以生存和发展的物质基础，经济越发展，生活水平越高，大学生越有信心学习、参与思想政治教育活动，对国家制度、党的政策认可度越高，思想政治教育效果越佳。反之，如果经济发展停滞不前、持续下滑，生活水平得不到保障，大学生就业率低，失业严重，学生就越没有动力和信心学习和参与思想政治教育活动，只会关注与就业有关的专业知识，对政治理论课漠不关心，思想政治教育活动开展的效果就会越来越差。社会主义市场经济的发展使社会物质产品、精神产品得到丰富，增强了大学生对生活的信心和对未来共产主义美好社会的向往。社会主义市场经济发展为思想政治教育创造了不可或缺的物质基础，其创新驱动等因素为思想政治教育活动带来了新的生命力。

四、科技革命带来的机遇

科学技术发展日新月异，新科技革命以信息技术的广泛应用为标志，数字化、网络化、信息化成为社会经济发展的总体大趋势，我国互联网用户尤其是移动互联网用户发展迅猛。互联网推动乐服务型政府建设及信息公开，构建了透明公益新生态，互联网普及率已经非常之高。

新科技革命使获得信息、接受教育、传播文化更加便捷，大学生使用互联网了解、参与政治，思想政治教育工作者借助于科技手段开展工作，新科技革命为思想政治教育提供了前所未有的发展机遇，从空间和载体上得以拓展，给思想政治教育带来深远的影响。科技成果的广泛使用，创新了思想政治教育教学的手段。思想政治教育活动作为一种实践活动，与其他任何社会实践活动一样，工具的创新、手段的更新，为思想政治教育活动提供了便捷途径，从而提升了思想政治教育的时效性、实效性。科技革命从理论到实践转化，最终通过生产活动创造出人们所需的商品：课堂所需要的各类多媒体设备、PC 电脑和移动终端设备，以及可以为教学服务的各类网站等。微博、微信等 APP 快速发展，为思想政治教育教学提供了便利的手段，改观了传统板书、课本讲授方式。新科技不断地融入思想政治教育工作中，大数据可以提供智能化的思想政治理论课教学，VR 技术为大学生提供了"重走长征路"等虚拟现实体验。各类教学文字、图片、音频、视频借助于新的技术成果展现给学生，实现了在最短的课堂时间里传输出最大化的教学内容，这些科技成果在思想政治教育活动中呈现出生动、直观、交互等特征，深受学生喜爱，增强了大学生思想政治教育的时效性、针对性、灵活性，创新了思想政治教育的手段，与当前高校思想政治教育发展的新情况、新形势相融合。互联网的创新发展丰富了大学生思想政治教育的新载体。互联网新科技的发展和应用为大学生政治参与提供了载体，开辟了渠道。随着无线通信、数字电视和移动互联网等信息技术的发展，国家的政治生活和社会生活的透明度得以增强，公众能够利用大众传播媒介较有效地监督政府，表达诉求，并影响政府的决策过程。科技发展带来物质生活条件的改善、劳动方式的改变，使公民的科学文化素质和参政能力得以普遍提高，并有充足的时间参与政治生活。互联网科技革命的快速发展，催生了网络论坛、网络贴吧、QQ 群、微博、微信等平台，这些平台均是当代大学生网络活动的主要场所。在这些平台上可以见到各种政治观点，能够看到一篇在微信朋友圈广泛传播的文章阅读量超过 10 万次，这些文章中有社会评论、政治见解、经济分析、热点探讨，这些数据印证了大学生有更多的机会获悉不同的政治知识与见解、各类新旧思想观念、各种角度的分析和评论。互联网不仅提供了传播、下载平台，还提供了输入、上传入口，大学生有机会发表个人的政治见解以及对各类事件的看法。

科技生活方式的变革拓展了大学生思想政治教育的新空间。互联网科技促成一种新的大学生学习与生活方式，改变了他们之间的交流方式与互动关系。它使得每一个个体都能够与其他个体相互关联，通过交往与结合，个体的力量变得更强大。在互联网时代，社会就像一张无形的网，将每个个体、组织、集团都纳入其中，并且能够保持有序、高效、低成本运行。思想政治教育活动的空间随着互联网触角的移动，深入社会各个领域，波及社会各个阶层。互联网所能达到的地方，就会有思想政治教育活动的身影。国家的电台、报纸、电视、移动客户端出现在互联网上，尤其是随着移动互联网的快速发展，人们在手机上即可浏览各类新闻资讯，通过关注主流媒体或报刊的电子版、微信公众号、移动客户端，就可以看到时政快讯、时事评论，这些在互联网深入千家万户之前是不可能实现的。思想政治教育活动得以拓展其空间，大学生得以实现政治认知与参与，新科技革命催生的互联网尤其是移动互联网的时代，一种新的生活方式在不断地拓展思想政治教育的空间，思想政治教育效果得到了质的飞跃。

可见，新科技革命给思想政治教育的发展提供了历史新机遇，无论是互联网、信息技术、数字化在推动受教育者自身素质的提高方面，还是使教育者能够借用新科技革命成果开展思想政治教育活动的便利方面，或是科技革命在创新思想政治教育手段、丰富思想政治教育载体、拓宽思想政治教育空间方面，它都以一种不可估量的力量推动着思想政治教育活动向前发展。

第三节　新时代大学生思想政治教育的对策

解决大学生思想政治教育所面临的挑战，需要不断地提升综合国力，增强大学生的"四个自信"，需要正视社会转型矛盾，化解矛盾冲突，需要加强互联网的监管与引导，需要坚持全员全程育人，创新思想政治教育工作方法。增强大学生对中国特色社会主义的"四个自信"，需要不断地提升我国综合国力和国际竞争力，提高人民的生活水平，增加人民的获得感和幸福感，坚定不移地走中国特色社会主义道路，积极推进中国特色社会主义话语体系建设，不断完善中国特色社会主义制度，创造性转化和创新性发展中华优秀传统文化。

一、增强大学生的四个自信

（一）增强道路自信

大学生对中国特色社会主义道路的自信受到全球化的影响，要通过彰显中国特色社会主义道路独有的魅力，增强大学生对中国特色社会主义的道路自信。增强道路自信，要认清中国特色社会主义道路的艰辛历程，中国特色社会主义道路是党和人民百年来奋斗、创造、积累的伟大成就，必须倍加珍惜，始终坚持不断发展。历史和现实证明，中国特色社会主义道路是中国人民的历史选择，是实现中国梦的必由之路。增强道路自信，要把握中国特色社会主义的现实成就。改革开放以来，在国际共产主义运动低潮的背景下，中国成为世界上最大的发展中国家，成为世界第二大经济体，中国共产党用现实成就向世人证明了中国特色社会主义道路的正确性。增强道路自信，要看懂资本主义和社会主义的发展大趋势，中国取得了举世公认的巨大成就，中国特色社会主义发挥了成功的示范作用。^①历史地看待资本主义与社会主义，虽然潮起潮落，但中国特色社会主义正在引领世界经济、政治、文化向前发展，资本主义逐渐衰落最终将走向消亡，社会主义逐渐成长，最终将取得全面胜利的大趋势。

（二）增强理论自信

话语体系的完善和话语权的提升对强化马克思主义的意识形态地位有着重要作用，增强中国特色社会主义理论自信需要建构当代中国话语体系，努力提高中国国际话语权。

1. 创新标示性，打造主流意识标签

我国主流意识形态包含了大量内容，要给主流意识形态内容赋予新的标签、标示，新标示、新概念、新名称、新表述本身就是对理论创新的表现，好的标示性概念容易被记忆和传播，更利于人们去关注，尤其是处于移动互联网时代的当下，给主流意识形态赋予好的标签、标示性概念，更容易得到传播。随着中国特色社会主义建设，加强马克思主义话语体系建设至关重要，"中国梦""四个自信""四个全面""五大发展理念"这些最新的理论都是中国共产党对中国特色社会主义建设的科学总结，都是最新的理论表述。

2. 开阔国际视野，提升国际话语权

当今世界的话语主导权仍然由资本主义掌控着，以英语为语种的新闻媒体占据着世界舆论的主导性地位，中国特色社会主义话语权与资本主义话语权之间仍

---

① 王永斌. 在党史学习教育中增强"四个自信"[EB/OL]（2021-7-15）[2023-4-1]. https://m.gmw.cn/baijia/2021-07/05/34971932.html.

有相当大的差距。意识形态的传播与影响要突破旧的视野，树立全球化眼光，敢于走出去，提高中国化马克思主义的国际影响，提升中国国际话语权。习近平指出："要善于提炼标识性概念，打造易于为国际社会所理解和接受的新概念、新范畴、新表述，引导国际学术界展开研究和讨论。"① 开拓国际性影响，还要加大中国媒体在国际范围内的影响力，大力输出"中国故事"，扶持一些主流政治媒体，建立英文网站，建立一批具有国际影响力的学术研究网站，打造一定量的国外教育与智库研究机构，把用户群拓展到境外，把中国特色社会主义理论传播及其影响力拓展到全球。

（三）增强制度自信

中国特色社会主义制度的形成和发展是一个动态的过程，增强制度自信，要科学看待其形成、现状和未来，用发展的眼光看待中国特色社会主义制度。增强制度自信，要历史地把握制度形成，中国特色社会主义制度是被中国特色社会主义实践证明了的、符合中国国情和实际的科学的制度体系，要认识到这一制度为我国的基本制度、具体制度奠定了基础，是中国特色社会主义道路发展的根本保障。增强制度自信，要科学认识现存制度，对我国的根本政治制度、基本政治制度、基本经济制度以及其他政治制度、经济制度、文化制度、社会制度有全面、科学的认识，要区分中国特色社会主义制度与西方国家制度的本质不同，扫清有关中国特色社会主义制度的错误认识。增强制度自信，要坚持推进完善制度，中国特色社会主义制度的顽强生命力在于其不断发展，要认识到制度自信并不是以制度的完美无缺、天衣无缝为基础的，制度不完善并不必然会导致制度不自信，只有不断坚持和完善中国特色社会主义制度，才能增强我们的制度自信。

（四）增强文化自信

积极引导大学生认识中华民族的优秀传统文化是建设中国特色社会主义先进文化的不可或缺的历史资源，中华文化独一无二的理念、智慧、气度、神韵，增添了中国人民和中华民族内心深处的自信和自豪。大力弘扬具有民族性、科学性、

---

① 孙晓晖. 新知新觉：坚定理论自信 站稳中国立场 [EB/OL]（2018-5-18）[2023-4-2]. http：//theory.people.com.cn/n1/2018/0508/c40531-29970368.html.

大众性的革命文化，使大学生认识到革命文化的时代精神、民族品格、民族风骨是中华民族伟大复兴的强大精神动力。增强大学生的文化自信，更重要的是弘扬以马克思主义为指导，以社会主义核心价值观为灵魂，充分展现面向现代化、面向世界、面向未来优秀品质的中国特色社会主义文化具有的无可比拟的优越性和先进性。增强文化自信，还要不断净化文化生态环境，清除不良影响，树立文化继承与创新相统一的方针，培育大学生坚定的文化自信心。

二、正视并化解矛盾冲突

社会转型矛盾是我国社会发展中遇到的客观实际问题，有着不可逾越性，有些转型中的矛盾是政府工作不到位的原因，应该解决却没有解决。从加强大学生思想政治教育对策的角度来看，思想政治教育工作者既要做好对课本知识的讲解，又要做好对社会问题的理性分析，引导大学生正确看待问题，共同探讨问题的解决办法，国家与社会不仅要对转型中的社会问题给予及时的关照，还要有行之有效的解决办法。

（一）优化社会、学校、家庭环境

1.社会育人环境优化

社会环境由政治环境、经济环境、法治环境、科技环境、文化环境等综合组成，社会环境作为影响大学生"三观"成长的外部因素，有着不可忽视的地位和作用，学生在学校所形成的"三观"需要在社会环境中检验、修复、重构，因此需要运用多种手段优化社会环境。社会环境的优化依赖于政府、媒体、大众等多个方面的努力，政府、媒体、大众等给予社会更多的正面能量展示，消除和挤压负面的信息、观点，为大学生成长提供有利的社会环境。一些负面事件经过新闻报道、公众讨论、媒体评议等过程，揭示事件本质，给予客观解释，使大众认清了事情的本源，平复了大众的情绪和提高了群众的认识。

2.学校育人环境优化

学校环境直接关乎学生的成长成才，学校的点滴都在影响着学生。第一，营造良好的文化氛围。良好的文化氛围是一所学校健康发展不可缺少的条件，要注重特色校园文化建设，努力营造浓郁的文化氛围。第二，完善和优化校园文化建设硬件设施。学校在建设校门、教学楼、实验楼、图书馆、宿舍楼、食堂、运动场时，一定要统筹规划，整体布局，艺术设计，以及在绿化、美化、知识化等方面进行整体考虑，并要与学校的历史文化传承、社会文化氛围浑然一体，统一和谐。第三，不断地提升全校教职工队伍的素质。有些学校忽视对担任教学之外的教工的培训和指导，导致教工育人功能不足，学校应加强对专业课教师、管理人员和后勤保障人员的培训和指导，营造良好的校园环境。

3. 家庭育人环境优化

家庭环境对子女的成长具有十分重要的影响，这种影响的好坏又主要取决于家庭环境的优劣。因此，优化家庭育人环境是每个家长肩负的重要职责。

第一，优化情感环境，夫妻间要相敬如宾，和睦相处，遇事要多商量，避免争吵和过分刺激孩子的不健康言语和举止。要信任和尊重孩子，孩子能自己做的事情，要让孩子独自去做。当孩子做错事时，不要简单责骂，而要讲清道理，启发改正。要了解和掌握孩子的心理状态，经常和孩子交流，一起参加体育和娱乐活动，在活动中增进了解，加深感情，特别是当孩子受到挫折时，要倾注爱心，让孩子感受到家庭的温暖。

第二，优化智力环境。注重创造家庭的求知氛围，家长要勤奋好学，善于思考，在父母言传身教下潜移默化，使子女从小好学、好问、好思。创造良好的实践环境，善于发现和培养孩子的兴趣。

第三，优化道德环境。父母在日常生活中要注重社会公德、职业道德和家庭美德，率先垂范。要做到爱祖国、爱人民、爱劳动、爱科学、爱社会主义、爱岗敬业、诚实守信、办事公道、服务群众、奉献社会、尊老爱幼、男女平等、夫妻和睦、勤俭持家、邻里团结等。

（二）搞好民生建设，增加人民获得感

当代大学生对社会的关注度较高，在民生问题上，政府要在房价问题、城市治理、留守儿童、医疗卫生、乡村教育、扶贫攻坚等问题解决上下足功夫，切实搞好民生建设，增加人民群众的获得感。还要做好宣传工作，使大学生看到政府在解决民生问题方面的措施和成果。对与大学生切身利益有关的民生问题，国家、

社会、学校各方面应该下足力气解决，做好就业指导、职业发展规划等，使学生对专业充满信心，对就业充满希望，对社会充满责任。院系要在专业培养方案等教学内容上适时调整，使学科发展符合社会需要，使学生的专业知识结构与市场岗位需求有效对接。思想政治教育工作者要引导大学生进行职业规划，要对大学生进行学业指导、心灵关怀，对关乎大学生切身利益的问题给予解决。近年来，政府大力拓展就业岗位以提高人民的收入，鼓励共享工具以方便出行，发展信息技术以减少数字鸿沟，推动教育改革点亮希望之光，规范金融服务以惠及广大民众，改善生态环境以提高生活质量，稳步提高医疗水平。

（三）践行社会主义核心价值观

经济社会转型的当下，多元价值观挑战社会主义核心价值观，学校在培养大学生的社会主义核心价值观上要下足功夫，不能仅依赖第一课堂，应通过第二课堂、第三课堂给学生更多的机会去践行社会主义核心价值观。

第一，讲解好第一课堂，培养大学生的理论学习能力，使大学生能够自觉认知社会主义核心价值观。高校理论课堂是第一课堂，要使大学生学习好社会主义核心价值观的理论内容，内化于心。

第二，组织好第二课堂，夯实大学生的实践活动能力，使大学生通过课外实践活动去体会社会主义核心价值观，在校园内按照学校教育教学组织的活动要求，开展第二课堂实践活动内容，对大学生从理论到实践认同社会主义核心价值观的重要意义。

第三，实践好第三课堂，锻炼大学生的社会认识能力，使大学生能够自觉践行、示范、传播社会主义核心价值观。当前，网络在多元化价值观传播中起着重要作用，第三课堂主要是学生自由控制的社会实践活动，缺乏学校的直接管理，因此政府和学校要协同做好第三课堂的引导，通过打造教育微博、微信群，搭建网络互动社区，创新网络教育等方式，把社会主义核心价值观内化于心外化于形、固化于制实化于行，自觉抵御西方不良价值观的侵蚀。

（四）全面从严治党，提高政府公信力

官员腐败现象降低了大学生心中党的威信，影响了大学生对社会公正的认可，给思想政治教育效果带来了负面影响。全面从严治党，全面推进依法治国，继续

深入推进打击腐败，才能扭转腐败给大学生造成的负面影响，不仅如此，思想政治教育还必须做好消除因腐败问题对党的形象产生误解的工作，以及让大学生认识到反腐败工作的艰巨性和长期性。各级党和政府应认真贯彻全面从严治党、依法治国的战略要求，社会各方面也要认真监督腐败问题，举报和打击腐败行为，做好反腐廉政成果的宣传和报道，以及推进反腐廉政制度建设。近几年，"老虎苍蝇一起打"，反腐败建设取得了一定的成效，在群众心中留下了好的印象，坚定了群众对党和政府的反腐败信心，有利于增强社会活力、促进社会公平正义、维护社会和谐稳定、确保国家长治久安。还要对党和政府中存在的腐败现象、腐败问题给予科学分析，使大学生认识到腐败问题的根源，看到党和政府打击腐败问题的努力及其成效，从而坚定对党和政府治国理政的信心。引导大学生关注《人民日报》、新华网、国务院、中纪委等微信、微博的移动客户端，让他们看到国家在治理反腐败道路上的努力成果，坚定对党和政府的信心。

三、加强对互联网的监管与引导

互联网作为新科技革命的成果，革新与应用日新月异，但因法律法规约束与监管引导跟不上节奏，从而滋生不法行为，为给思想政治教育提供清朗的网络空间，既要清理谣言、不法信息以及攻击社会主义制度等的网络内容，又要做好互联网使用的引导和教育。

（一）制定法律法规

通过打击互联网违法行为的典型案例教育网民，规范其使用行为，切断攻击国家和社会主义制度不法分子的网络、网站，把对互联网的监管转移、分担到互联网企业管理者那里，并把监督的权利通过一定形式赋予网民，发动网民的力量打击不法行为。

（二）加强网络监管

政府和主流媒体以及学校等社会组织应该高度重视互联网的使用，把互联网作为宣传正面能量的平台，让正面能量占领了互联网舆论场的主阵地，负面能量就没有活动的空间。移动互联网几乎成为人们日常生活中的必备工具，成为生活中不可或缺的组成部分，通过移动互联网开展思想政治教育，是思想政治教育工作者所应掌握的基本技能。

（三）优化网络环境，加强宣传

商业互联网以盈利为目标，在内容的制作上以市场需求为导向，追随互联网科技潮流，应该倡导互联网商家把社会主义核心价值观落实到互联网经营活动中去，注重在日常管理中体现鲜明价值导向，使符合社会主义核心价值观的行为得到倡导和鼓励，违背社会主义核心价值观的行为受到制约和惩处。

（四）夯实基础知识，提高辨别能力

大学生虽然能够熟练地使用互联网，但有的学生仅把互联网作为聊天工具、消费渠道、消遣平台，大学生对网络信息的识别与判断也缺乏必要的指导。互联网作为一项科学技术被广泛应用到商业市场，内容纷繁复杂，不同内容在传播中的市场份额占有度差别大，"劣币驱逐良币"现象时有出现。学校担负着教育责任，应对大学生科学使用互联网给予必要的指导，包括正确使用互联网查阅科学研究成果，培养良好的网络阅读习惯，避免大学生无序地使用互联网，抵御负面内容的侵蚀等。高校需要重视对大学生互联网的课程安排，为给学生提供科学使用互联网的指导，需要有相关课程，可以是短期的培训、讲座，也可以由思想政治理论课教师、辅导员或相关专业课教师担任，这样学生就会把消遣娱乐所依赖的互联网逐渐转化为学习的好帮手。此外，政治理论课教师自身要有较高水平的互联网使用技能，面对互联网成为意识形态领域争夺的重要场所，仅仅依靠课堂教育不足以应对新形势，政治理论课教师自身要学会识别、应对、反击网上的非主流及反主流意识形态内容，更重要的是要教会学生使用这套技能。

（五）养成良好习惯，科学使用网络

心智不成熟是大学生对是非问题辨别能力差的主要原因，来自国内外的非主流思潮、反主流思潮、谣言、反动言论等在网络中泛滥，使错误思潮的渗透和侵袭找到了可乘之机，求新猎奇心理较强的大学生很容易受到错误思想的蛊惑，加大了思想政治教育的难度。要尊重并善于利用大学生思想活跃、求新意识和批判精神强烈这一现实特征，通过丰富课程内容、提高教学技能、提升课堂教

学水平，使大学生对"第一课堂"的思想政治理论课保持热情和喜爱。在信息繁杂的时代，对信息的甄别和判断取决于大学生自身的辨识能力，提高其辨识能力和独立思考能力至关重要。在课堂教学及实践活动中，应锻炼、培养学生的主动学习能力、独立思考能力以及问题分析能力，使之养成良好的思考习惯，更重要的是培养学生自觉把马克思主义理论作为认识问题、分析问题、解决问题的理论武器。

四、坚持全程育人，创新思想政治教育

高校党委要保证高校正确的办学方向，掌握高校思想政治工作主导权，保证高校始终是培养社会主义事业建设者和接班人的坚强阵地。培养思想政治教育队伍能力，强化专业教师育人功能，创新思想政治教育工作方法，把思想政治教育贯穿教育、教学、管理全过程。坚持把思想政治教育贯穿教育、教学、管理全过程，是思想政治教育在高校扎实开展的重要原则。高校党委要高度重视思想政治教育，把思想政治教育落实到各项工作中，如党建、团务、学生管理工作，尤其是对思想政治教育教学工作的领导。在党建工作中，开展思想政治教育工作的考核、评优，重视高校思想政治与党建工作研究；在组织工作中，注意对党员及领导干部的思想政治教育水平的提升；在团务工作中，加强对各级团务工作者的思想政治教育水平的培养，团务工作在很大程度上直接对准学生，团务工作者更要坚持马克思主义立场，把握思想政治教育工作方法，灵活地开展思想政治教育活动。此外，高校教学管理等职能部门应重视思想政治教育，在具体工作中把思想政治教育工作放在重要位置，还要利用思想政治教育工作方法提升工作效率和育人能力。

（一）创新教学方法，探索新途径

思想政治理论课教学内容、方法都要不断地改革与创新，要有实质性的推进，尤其是要改革创新灌输理论、传统的说教方式。

第一，提升学生的主体地位。思想政治理论课要以学生为主体，调动学生理论学习的积极性和参与性，注重区分不同层次的学生，把握不同学历程度、不同专业层次的学生特点，尊重学生的个体差异，如民族习俗、爱好倾向等，有针对性地开展思想政治教育。

第二，探索新途径、新方法。通过对案例的解读、视频的播放、图片的解析等，传达课程的内容。调整课堂教学输出模式，讲解概念要与生活案例相结合，讲解原理要运用到现实中。

第三，使用好网络手段。口头讲授与板书结合的方式在过去扮演着重要的角色，但在互联网时代，学生对互联网的使用需求和习惯要求教师们应该把部分课程教学内容转移到互联网上，借用互联网的优势，与学生在互联网上进行共同学习、交流、互动，提升教学效果。

（二）加强辅导员培训，提高工作能力

辅导员是学生学业的指导老师，是学生职业的规划老师，是学生心灵的雕塑老师，更是学生政治立场的锻造老师。要打造一支思想政治工作水平高的辅导员队伍，应充分发挥专职辅导员的思想政治教育功能。

第一，辅导员队伍重点引进思想政治教育专业人才，尤其是非人文社科类的学校、院系，更要在辅导员引进时选拔思想政治教育专业人才，学科之间交叉，不同专业背景的人才融合发展，才能凸显优势和创造特色。

第二，通过辅导员职业与技能培训强化思想政治教育工作能力，在辅导员的培训与进修上，强化思想政治教育模块，培养辅导员的政治理论素养和功底。

第三，把思想政治教育工作融入日常学生管理工作中，辅导员拥有比专职政治教师开展思想政治教育更多的群众基础和直接管理优势，发挥这一优势的前提是辅导员自身要有较高的思想政治理论水平和丰富的学生管理经验。

第四，要重视辅导员队伍建设，规范担任课堂教学规定，完善编制待遇、职称评定与岗位晋升等规定。

（三）强化专业教师的思想政治教育责任

高校应强化专业教师的思想育人功能和责任，使专业教师能够在课堂教学与课外指导中融会贯通思想育人理念，把专业之外的成人成才理论传输给学生，真正成为学生的良师益友。

第一，高校应强化专业教师落实育人理念，在教学评估和考核中，将教师思想育人作为考核内容之一，逐步完善现有思想育人考核机制。

第二，教师自身应该树立思想育人的理念，心中要有思想育人的意识，在课堂内外都要与学生保持联络，师生互相学习、互相交流，这样才能共同进步，不断强化专业教师的思想政治教育责任，发挥思想政治教育看不见的"隐形之手"功能。

第四章　新时代大学生思想政治教育
实践路径选择

本章主要介绍新时代大学生思想政治教育实践路径选择，主要介绍三个方面的内容，分别为思想政治教育的课堂实践路径、思想政治教育的社会实践路径、思想政治教育的文化建设路径。

第一节　思想政治教育的课堂实践路径

高校思想政治理论课是高校提高大学生思想政治素养的核心课程，对树立大学生的人生观、道德观和法制观，促进大学生成长成才具有重要意义。当前，要借助网络平台，拓展多渠道的课程网络教学方法，增强思想政治理论课的实效性。思想政治理论课的教学模式也是值得引起重视的关键问题，为进一步提升大学生的道德素养，应在传统的理论灌输与实践教学的基础上，适当地引进情景教学法，分析当前思政课在教学形式不丰富、教学过程形式化、课程机制不健全、对实践教育不重视等方面存在的问题，提出将情景教学法应用于思政课的具体措施，进而增强高校思想政治理论课的实效性。

一、网络时代的思想政治理论课

高校思想政治理论课是对大学生进行思想政治教育的重要途径，对提高大学生的思想道德素质和法律意识有着至关重要的作用。然而，由于该课程内容较为综合，加之传统的教学方式也存在一些问题，因而使授课的效果不佳。为了解决这些问题，教师可以借助网络平台，对课程教学方式进行优化。通过多样化的教学手段和互动方式，激发学生的积极性和主动参与，使其更好地理解和掌握课程内容。通过网上的各类案例，引导学生进行分析、讨论，使学生独立思考社会道德规范和法律法规的重要性，以及自己作为大学生应尽的责任和义务。

（一）借助网络加强高校思想政治理论课实效性的意义

网络为大学生提供了查找各类信息的便利条件，这对他们的思想政治教育有积极的影响。然而，网络上也存在一些不良信息，这给高校思想政治理论课的教学效果提出了挑战。针对这一挑战，高校思想政治理论课教师应积极借助网络平台对教学进行优化，以更好地应对网络信息对教学效果的挑战。通过充分发挥网络的优势，教师可以提供更多的资源和互动机会，促进学生的学习参与度和思考能力，从而达到更好的教学效果。

1. 丰富课程资料，增加教学方法

网络媒体的发展为高校思想政治理论课带来了丰富的信息资源，同时也给教师提供了借助多媒体等高新技术更新教学方法的机会。通过网络媒体，教师可以利用多媒体动画技术呈现生动有趣的教学内容，使抽象的理论观念更加形象和易于理解。同时，互联网可以提供丰富的实例和案例分析，增强学生的实际应用能力。图像传输技术可以将各种图表、图像和实景呈现给学生，通过视觉的感受帮助学生更好地理解和记忆相关概念和知识点。借助这些新技术，教师可以创造积极的教学氛围，激发学生的学习兴趣和参与度，提高他们的学习效果，对培养学生的综合素质和思想品质具有重要意义。

2. 拓展教学方式，增强课程实效性

通过网络开展高校思想政治理论课程，颠覆了传统的教育方式，为教师提供了更广泛的教学渠道。网络教学打破了时间和空间的限制，让学生们可以随时随地接触到知识，也为教师们开辟了新的渠道来传授知识。传统的教育方式局限于课堂教学和教科书，通过网络，教师们可以利用丰富的资源和创新的教学方法，提供更多元化的教学内容。教师还可以利用图文并茂的方式呈现知识，通过视频、音频和动画等多媒体形式进行教学，使学生更加直观地理解和记忆相关概念。传统的教育方式难以激发学生的兴趣，通过网络，教师们可以运用各种互动教学工具和案例分析，引导学生们主动参与讨论和思考，这种动态的指导方式更贴近学生的学习需求和特点，更能激发他们的好奇心和学习动力。

3. 提升学生自主学习能力

网络为学生提供了一个开放、自由的学习环境，学生可以通过网络平台自主学习，实现个性化的学习，培养独立思考和判断的能力。通过网络开展高校思想政治理论课教学，学生除了在教室内学习课堂内容，还可通过互联网获取无限的学习信息。在网络教学中，学生可以结合自身的兴趣和需求选择适合的学习资源，从而形成个性化的学习路径。他们通过在线教学平台、学术论坛等多种渠道，获取更广泛、更深入的知识。

通过网络自主学习课程内容，学生可以充分利用碎片化时间，随时随地学习，他们可以通过各种学习工具和平台进行在线学习、讨论和交流，与其他同学进行知识分享和合作。这种学习方式不受时间和空间的限制，提供了更多的学习机会和资源，帮助学生更全面地理解和掌握思想政治理论知识。同时，他们也可以通过解决问题、参与讨论等方式，提高自己的批判思维和问题解决能力。

4. 增强学生主体地位

传统的高校思想政治理论课通常采用老师在讲台上单向讲授的教学模式，学生只能被动地接受知识。然而，网络教学属于一种双向互动的教学模式，它改变了知识传授的方式，使学生能够自由、自觉地获取相关知识。在网络教学中，学生不再只是被动地接受知识，而是获得了主动学习的权利。通过网络教学，学生可以在教师讲课之前就了解教学内容，也可以通过互联网搜索更多相关信息，这使得教师不再是高校思想政治理论课教学的绝对权威，而是与学生趋向于平等的地位。[①]

通过网络教学方式，学生能够更广泛地接触到不同来源的知识和观点，加强了他们的信息获取能力和综合素养。他们可以从不同的资源和渠道获取知识，并将其与传统课堂中所学内容相结合，形成更全面的理解和思考。网络教学为学生

---

① 崔时婧. 网络影响下思想道德修养与法律基础体验式教学方法研究 [D]. 武汉：武汉纺织大学，2013.

提供了更多的学习机会和资源，使他们能够根据自身需求和兴趣开展自主学习，提高学习效果。学生还能够自主选择学习资源、自主学习课程内容，并通过在线讨论、问题解答等方式与教师互动。这种互动的教学模式鼓励学生思考、探索和提问，增强了他们的自主学习能力，提高了他们的学习效果和综合素养。

（二）利用网络解决高校思想政治理论课存在的问题

当前，高校思想政治理论课程还存在很多的问题，急需高校去解决，借助网络平台开展思想政治理论教育是解决这些问题的一个途径。

1.提高教师自身的理论素养

在当今信息高度发达的社会中，网络的普及为学生提供了随时获取大量信息的机会。然而，这些信息传播渠道的开放性也意味着学生的世界观、人生观和价值观可能受到误导。因此，高校思想政治理论课的重要性不言而喻。在这种大背景下，高校思想政治理论课需要成为学生正确判断和思考的引导者。为了做到这一点，教师需要拥有广博的理论基础，并始终保持持续学习的意识。尤其是在马克思主义基本理论方面，教师更应该精通，以此作为基础指导学生审视和解读社会现象。同时，教师还应该紧跟网络信息的最新动态，了解和掌握最新的网络信息是确保教学有效性的关键。只有了解当下的社会热点、网络言论和舆论走向，教师才能更好地与学生进行沟通，并引导他们分辨信息的真伪。通过高校思想政治理论课的教学，学生不仅可以从中获得必要的思辨能力和判断力，还会在面对网络泛滥时有清晰的认知，更好地构建自己的人生观和价值观。

2.结合网络，创新教学方式

当前，高校思想政治理论课的教学方式亟待创新。为了更好地适应学生的特点与需求，可以将教学方式与学生关注的网络信息相结合，实现理论与实践的有机融合。

第一，采用探究式教学方法。通过提出问题、引导学生独立思考和积极探索，激发学生主动学习的欲望和兴趣。引导学生通过亲身实践和观察，深入了解和思考理论知识在现实生活中的应用和意义。这种教学方式可以帮助学生培养批判思维和问题解决能力，提升他们的学术素养和创新意识。

第二，运用案例式教学方法。通过选择与学生身边、社会热点相关的案例，引导学生分析、讨论和评价，使抽象的理论知识与具体的案例相结合，增加学生对理论的理解和记忆深度。这种教学方式能够培养学生的综合思考和分析能力，培养他们在实际问题中运用理论知识的能力。同时，要充分发挥学生的主体性，积极培养他们的学习动力和自主学习能力。通过引导学生参与教学过程中的讨论、研究和表达，鼓励学生提出自己的观点和思考方式。这样可以培养学生的批判性思维、沟通表达能力和团队合作能力，为他们未来的成长和发展奠定基础。总之，创新高校思想政治理论课的教学方式，结合学生关注的网络信息，采用探究式和案例式教学方法，发挥学生主体性，培养学生的积极性和主动性，将有效促进学生对理论知识的消化和吸收，激发学生的学习兴趣和动力，提高他们的学习效果和综合素质，为他们拓展更广阔的未来打下坚实基础。

3. 拓展网络教育平台，延伸课外教学环节

高校思想政治理论课需要设立和完善网络教学平台，以提高教学效果。高校思想政治理论课是一门难度较高的综合课程，知识点众多且内容复杂，尽管教师尽力突出重点和对关键内容进行讲授，但仍难以完全掌握。为了提高教学效果，高校应开发和完善适应现代教育需求的网络教学平台。网络教学平台应基于思想、法律和道德基本原则，同时结合学生关注的当前热点问题。平台需要定期更新信息，及时解释和引导学生对思想政治观念的正确理解。另外，平台可以上传与高校思想政治理论课相关的音视频资料，帮助学生形成正确的思想观念，传承中华美德。

为了使高校思想政治理论课更加及时有效，建议将学生的在线登录频次、学习时长和日常表现与成绩挂钩，这将激励学生主动参与网络教学，提高学习的积极性和学习效果。

高校思想政治理论课是对学生内心进行塑造的重要工作。作为教师，应该投入更多的心血来深入研究和探讨，以不断提升教学实际效果。通过建立和完善网络教学平台，可以更好地引导学生形成正确的思想政治观念，培养他们的综合素养和社会责任感。

二、情景教学模式的思政课

当前，思想政治理论课主要通过课堂讲解、互动及课外实践活动的方式开展，教学形式相对单一，如将情景教学的模式放入思想政治理论课的一些互动活动中，此举将激发学生的学习积极性，帮助他们在轻松愉悦的氛围中学习到更多的知识，从而潜移默化地增强他们的思想道德水平。

（一）情景教学法的定义

情景教学是一种以多媒体、角色扮演、故事、游戏等手段打造仿真场景的教学方法，旨在更加形象地传达特定的教学内容。它使学生能够在其中切实地体验、观察、参与和实践，帮助学生更加深入地理解知识，并促进学生的心理素质发展。情景教学的最显著特点就是创设情景，激发学生的积极性。通过打造逼真的情景能够让学生主动、愉快地参与学习。学生在真实的场景中参与体验，可以更好地理解和应用所学的相关知识内容，提高对知识的理解和内化能力。采用情景教学方法可以增加学习的趣味性和生动性，激发学生的学习兴趣和动力。学生通过参与真实情景的角色扮演、故事情节的演绎、游戏的互动等，能够更加积极主动地投入学习，提高学习效果。

思想政治理论课应以实践活动为导向，在实践中引导大学生树立正确的世界观、人生观和价值观。情景教学法通过创设实践情景，让学生扮演各类角色，使其身临其境，进而真正体会角色的内心想法，为学生思想素养的形成及正能量引导提供了重要的支撑。

（二）当前思想政治理论课存在的不足

1.教学形式单一化

当前，思想政治理论课都是采用传统的理论讲授法，教师在讲台上以讲授教材为主，且思想政治理论课面对各类专业的学生，教师与学生的专业不对口，不能从学生的专业方面讲解有关案例。因此，师生互动受到了限制，学生的参与热情受到削弱，最终导致学生对该课程的兴趣降低。此外，思想政治理论课通常在大班级上进行，一堂课上的学生数量通常有上百人，导致教师无法充分关注每个学生。

2. 教学过程单向性

目前，很多学校思想政治理论课的教学过程存在单向性问题，教师单向性地讲解，学生对课程没有足够的重视。传统的教师上课方式大多采用讲授法，缺乏互动，导致学生在上课过程中的积极性不高。学生只是被动地接受知识，缺乏主动探索和思考的机会，很容易让思想政治理论课变得枯燥乏味。此外，传统的考核机制与一般课程没有太大区别，期末考试时学生临时抱佛脚，仅找重点和死记硬背知识点。这样的做法使学生不能真正认识到思想政治理论课的重要性，认为思想政治理论课是一门轻松的课程，无须认真学习，从而难以达到预期的教学效果。

3. 课程理论性强

当前，思想政治理论课程理论性强，没有与各专业人才培养方式有机结合起来。思想政治理论课属于公共课，面对全校开设，全校的各专业学生的特点不一样，各专业对学生的培养方式不一致，要求也不一致，如一些艺术类、体育类学生较有个性，对思想政治理论课的认同程度较低，也因为个人的基础不一样，理解马克思主义基本原理等课程相对较难，对课程的接受程度较低。

4. 对实践环节不重视

当前，思想政治理论课重在讲解，教师以教材为中心来讲授，学生对课堂上讲授的内容无法完全吸收。教与学不统一，教学的实践环节较少，学生对讲授的内容理解不到位，导致教学效果并不理想。

（三）将情景教学法应用于大学生思想政治理论课中

1. 根据教材内容组织学生角色扮演

在授课过程中，教师应该将所授内容与实际生活联系起来，通过引用或创设情景，让学生身临其境，扮演情景中的角色，感受角色所遇到的问题，并借助课堂所学的理论知识解决问题。举例来说，在教授思想道德与法律基础课程中，讲解求职相关话题时，可以设计一个模拟面试活动。教师要求学生分别扮演面试官和求职者，在模拟的面试环境中进行角色扮演，以此来学习面试技巧，并应用实践所学知识。在活动结束后，学生需要进行自我评估，同时也需要评价其他同学在活动中的表现。教师作为"观察嘉宾"，认真观察每位同学的表现，不仅看是否完成了任务，还需要从学生的言行举止中了解他们的特长和性格等方面的信息，只有透彻地了解每个学生，教师才能给予他们有针对性的指导和建议。在角色扮演活动中，每一位学生的积极性被充分地调动起来，学生感觉到自己已经成为课堂的主人，发自内心地喜欢上思想政治理论课，使思想政治理论课的作用更加明显。

2. 通过有针对性地播放音乐和视频创设情景

音乐和视频素材最显著的优势在于能够直观地呈现知识点，引导学生身临其境，以生动有趣的方式传授理论，并促使学生激发新的思维方式，从而实现教学目标。在实际授课过程中，教师需要斟酌选择适合使用的音乐和视频，但不能每次课都采用这种方式。在教学过程中，需要注意视频使用的时长，应当使其与理论课的授课时间保持合理的比例。通过充实理论课内容，让视频与音乐更好地融入其中，同时对视频和音乐内容进行深入的说明，以此加深学生对教学内容的理解。理论与视频充分结合，形成一种良性互动，在满足学生感官刺激的过程中实现观念的改变。实践证明，音乐和视频的教学方法非常受学生的欢迎，对课程的讲授作用明显。

3. 通过案例分析创设情景

案例分析是一种经常被使用的教学方法，教师可以通过引用一些特殊的案例来创设情景，以帮助学生更快地理解教材内容。教师精心挑选与教材内容紧密相关的案例，这些案例能够充分体现教材所讲的原理，在课堂中使用这样的案例可以帮助学生更深入地理解教材内容。在讲解案例时，教师还可以强调职业道德的重要性。职业道德是一个人的基本素质，也是一个人在社会中正常生活的重要条件。职业道德涵盖了敬业精神、诚实守信、吃苦耐劳和奉献精神等方面，这些素质职场生涯中都是至关重要的。通过灵活运用案例，将案例与教材内容充分结合，可以使原本抽象的知识充满活力。这样的教学方法能够使学生更加主动地参与学习，激发学生的学习兴趣，提高他们对教材的理解和运用能力。

为了更好地吸引学生，充分发挥出情景教学法的作用，需要不断尝试新的教学方法，让学生在欢乐的氛围中轻松吸收知识。教师在教学中应认真分析教材内容和当前社会热点事件，将理论知识与现实生活场景巧妙地结合起来。通过精心设计每个课堂教学环节，确保所教授的内容不仅符合时代潮流，也能够清晰地展示教材中的知识。通过不断优化思想政治理论课的教学效果，使学生更好地掌握课程内容，并提升他们的综合素质。

第二节　思想政治教育的社会实践路径

多元化大学生社会实践的研究迎合了高校人才培养模式的转型，有利于加速大学生的社会化进程，有利于大学生社会实践功能的深化。多元化大学生社会实践包括勤工助学、考察学习、专业见习及志愿服务。新形势下，构建多元化的大学生社会实践需要全员化指导，需要活动场所的基地化建设，需要项目化的运转方式，更需要多样化的考评机制。

当前，我国高校正在向培养应用型人才转型，社会实践是应用型人才培养的重要途径，通过开展大学生社会实践，可帮助大学生形成正确的道德观念和行为方式。这样不仅可以促使大学生健康成长并融入社会，也有助于他们深入了解社会以及国情，培育社会责任感。

多元化的大学生社会实践符合高校人才培养的变革趋势，有利于培养合格的应用型人才，有利于高校共青团组织进一步加强和改进大学生社会实践活动，引导大学生深入开展社会实践活动，并将社会实践作为大学生思想政治教育的有力抓手，不断深化社会实践活动的育人功能。

大学生积极参与社会实践活动，有利于加速大学生的社会化进程。目前，大学生社会实践活动在开展过程中仍然存在一些不足，如在实践目标设定上过于宏大；学生在参与社会实践中表现出急躁的态度，活动难以顺利开展；实践活动的连续性较差，活动的实效性难以保证；活动层次较低，对社会的贡献有限等。大学生应该积极参与社会实践活动，了解社会现实并明确自己学习的目的，只有这样才能理智地处理现实问题。

社会实践活动已经成为大学生思想政治教育的有效途径，并在很大程度上深化了其育人功能。通过参与社会实践，学生可以接触到真实的社会问题，增强社会责任感和使命感，并在实践中培养实践能力、问题解决能力和团队合作意识，这些经历对大学生的全面发展和素质提升具有重要意义。然而，尽管取得了一定的成效，大学生社会实践活动仍存在一些薄弱环节。例如，实践活动的组织和管理不够规范，导致活动效果参差不齐；实践内容与课程内容之间的衔接不紧密，影响了实践的深度和广度；实践模式相对单一，缺乏创新性和多样性。因此，需要进一步探索社会实践的模式和方法，以提升其实践效果。

借鉴他山之石，促进我国大学生社会实践活动的顺利开展，全面提升大学生的综合素质。目前，国外主要采用见习实习、产学合作、合作教育、社区服务和生活锻炼等不同方式进行社会实践。如何借鉴别国的社会实践活动经验，探索适合我国大学生的社会实践模式，需要相应地采取措施，以确保大学生参与社会实践活动的质量和效果得到提高，使他们能够在实践中接受教育、培养技能、产生贡献并增强社会责任感。

多元化社会实践模式依托学校现有的各类实践教育平台，内容丰富、结构合理，既为学生提供了多项服务平台，又迎合了当前应用型人才培养模式的需求，更有利于对学生的思想引领。

一、勤工助学

勤工助学是指大学生利用课余时间参加的一些以获得劳动报酬、提高个人能力及综合素质为目的的体力劳动或脑力劳动。勤工助学活动迎合了素质教育实施及应用型本科人才培养的需求，是培养德智体美劳全面发展的合格人才以及高校帮困扶困的重要途径。勤工助学的社会实践模式主要包括两个方面：第一，大学生利用寒暑假在公司或其他事业单位等校外企业，开展一些与专业学习密切相关的社会实践活动，既获得了相应的报酬，又增强了对专业基础知识的应用。第二，大学生利用课余时间在校内各部门协助教师完成一些特定工作，从而获得相应报酬及锻炼学生的各种能力。勤工助学社会实践活动的主要目的是"助学"，是大学生在不影响自身学习的前提下，利用课余时间或闲暇时间进行有偿劳动，以缓解家庭经济困难，解决部分生活费或学杂费的活动。

二、观摩学习

观摩学习是指大学生在指导教师的带领下考察及参观同领域、同行业，尤其是取得特殊成绩的相关单位，相互交流经验、相互学习的一种社会实践活动。观摩学习的社会实践既可以用在专业知识的学习与应用上，又可以用在德育及创业就业的互动学习中。这一活动需要两个条件：第一，有相关教师的参与及指导，教师要熟悉专业领域、德育领域或就业创业领域，取长补短，促进彼此的发展，当然更多的是学习对方的优势。第二，要考虑到安全因素。

三、专业见习

专业见习是重要的教育及社会实践活动，能够使学生在现场感受、观察及动手将所学的理论知识运用到社会实践中。无论是文理科还是工科，见习都尤为重要。专业见习既可以培养大学生的职业情感、职业意识，使学生了解未来所从事职业的基本情况，获得实践性知识和技能，又将理论与实践完全结合起来。专业见习有几点需要注意：第一，需要建立科学的实习制度。通过实施科学的见习制度，提升工作的有序性和规范性，促进双方在见习模式中的行为达到更高的标准。第二，需要有见习基地。要根据专业特色，建立见习基地，基地不仅可以丰富学生的实践知识，也可以渗透德育及职业文化。

四、志愿服务活动

大学生志愿服务活动指的是大学生利用课余时间，有组织地走向社会，无偿地开展社会服务、社会调研等实践活动。大学生志愿服务为社会上需要帮助的人提供了友情的支持，为弱势群体送去了关爱，促进了人们之间更广泛、更有效的交流，让彼此之间的距离更近，减少了互相不信任所带来的不必要的冲突和分歧，增进了社会主义社会的和谐发展。中国梦与大学生志愿服务活动两者可以有机地结合在一起。中国梦与志愿服务活动都对当代大学生提高自身能力，树立正确的世界观、人生观、价值观提出了新的要求。中国梦为大学生实现梦想指引了正确的方向，有利于大学生坚定理想信念。大学生公益活动贴近现实、贴近生活，有利于培养大学生的社会责任感，有利于大学生养成良好的行为习惯和坚强的意志品质，有利于实现个人梦想。只有在中国梦的引领下，大学生公益社会实践活动才会更有意义。中国梦指出了个人梦与民族梦、国家梦的关系，激励大学生为实现个人梦、民族梦、国家梦努力奋斗。中国梦让大学生感受到了梦想实现的可能性，坚信通过全社会的努力，齐心协力，就一定会实现中国梦。中国梦激励着大学生们去追求自己的梦想，并且增强了他们参与志愿服务活动的意愿，使得他们愿意为社会付出，愿意为需要帮助的人送去温暖，愿意通过自己的努力迎来笑声。当前，我国志愿服务活动正在积极地借助大学生的力量，因此提升他们在公益事业方面的表现，不仅有助于提高志愿服务活动的效果，还能够激发大学生参与公益的热情，有利于大学生担当社会责任，更有益于大学生身心健康发展，齐心协力，共同促进中国梦的实现。

（一）大学生志愿服务活动的现状分析

大学生志愿服务活动实施以来，已取得了良好的成效，如大学生义务维修、西部支教、环境保护、社区服务、关爱弱势群体等，得到了高校及社会各界的高度认可，但在组织机构、服务质量等方面还需要进一步完善。当前，大学生志愿服务活动的现状具体表现在以下几个方面。

1. 认可度高，但服务热情不够稳定

大学生对志愿服务活动的认可度较高，但由于大学生处于思想波动较大的不稳定期，自我控制能力和自律性较低，容易被身边的人或事影响而改变自己的价值观。在志愿服务中，当大学生遇到一些困难时，容易气馁浮躁，进而轻言放弃。久而久之，大学生对志愿服务的热情衰减，只能勉强参加一些没有技术含量的简单又程序化的工作。此外，当代大学生具有盲目的从众性，这些现象都反映出大学生志愿服务活动的热情不够稳定，需要高校加以教育与引导。

2. 动机较纯，但服务质量有待提高

大学生志愿服务活动是大学生社会实践活动的重要组成部分，也是思想政治教育的重要载体和有效途径。绝大多数大学生参与志愿服务活动是为了承担社会责任，帮助更多需要帮助的人。大学生的服务水平与当前社会的需求还存在一定的差距，整体服务水平不高。大学生缺少生活经验，因此在大学生参与志愿服务的过程中存在一些问题需要关注和改进。首先，大学生难以全面把握事情的发展趋势。由于缺乏宏观视角，他们可能无法有效理解和解决社会化问题，这种局限性可能阻碍他们在志愿服务活动中发挥更大的作用。其次，大学生所学的知识难以完全满足社会岗位的多样化需求。现实中，各个社会岗位的特点和要求各不相同。因此，纯粹依靠在校学习所获得的知识可能无法很好地应用于志愿服务工作

中，这也导致了一些岗位对大学生志愿者的认可度较低。这种缺乏专业能力的局面，使得大学生很难将专业知识与社会需求结合起来，服务质量较差。为了克服这些问题，大学生在志愿服务活动中需要提升综合素质和能力，通过积极参与实践活动，拓宽视野，增强对社会问题的理解和认知。同时，大学生还应该加强专业知识的学习，将所学应用到实践中，致力于不断提升自己在志愿服务中的能力和水平。

3. 志愿服务活动较多，缺少系统培训

一般情况下，很少有专门的组织对大学生的志愿服务进行培训，大学生通常自发组织志愿服务活动，且一些志愿服务活动与大学生的所学专业没有太大的关联性。大学生志愿者由于没有经过系统的培训，致使参与志愿服务的稳定性不强，志愿服务的质量较差。当前，公益组织处于快速发展实践阶段，大规模的组织扩张，大量地吸引志愿者，忽视了对志愿者的培养。缺少系统的培训，具体体现在志愿者在专业技术强的岗位上暴露了实践能力弱的缺点；人际交往能力较差，不能融入集体活动；缺少独立解决问题的能力；服务热情较差等。

4. 志愿服务活动的激励机制有待完善

很多高校一般都大力宣传志愿服务活动的内容，缺乏对志愿服务活动的总结和反馈，缺少对活动效果的评价，激励机制不够完善。大学生参加志愿服务活动之后，不能及时对其进行肯定与鼓励，且由于评优评先的机会较少，大学生参与志愿服务后的成就感无法被充分体现，这可能会抑制他们积极参与此类活动的意愿。大学生处于青春期，心理特征还不够稳定，亟须高校、社会对其付出予以肯定，需要建立健全激励机制，提高他们参与志愿服务活动的积极性、承担社会责任的热情，进而加强志愿服务活动的思想政治教育效果。

5. 志愿服务活动的资金投入较少

志愿服务活动的首要特征是活动的无偿性，即志愿服务不计报酬、无偿服务，但举办志愿服务活动需要一定的资金投入，如免费维修需要购买工具、慰问弱势群体需要购买礼物、环保宣传需要印发传单等。所以高校和社会应该为志愿服务活动投入资金，以鼓励大学生积极参与，从而实现志愿服务活动的常态化和持续性。

（二）完善大学生志愿服务活动的路径

为了解决大学生在志愿服务活动中出现的问题，需要高校、社会以及政府协作建立、完善相关的制度，以推动志愿服务活动的推广实施。

1. 完善志愿服务的培训机制

大学生志愿服务者需要接受有组织、有计划的系统培训才能提高志愿者的社会服务能力。高校应从以下几个方面建立健全培训机制。

第一，完善志愿服务的培训制度，完成计划内学时。高校可采用灵活多样的形式对大学生进行培训，如通过举办讲座、开展专题讨论、观看视频、角色扮演等大学生喜闻乐见的形式，激发志愿者参与培训活动的积极性。

第二，将大学生的专业知识和志愿服务融合，注重提供多样化的培训内容，这样既提高了大学生的积极性，又将大学生的专业知识运用到社会实践中。在综合知识培训中，要注重分类培养，最好按照专业进行分类，如环境保护、医疗保健、义务维修等具体分类指导。在培训中，可增加案例分析版块，提高大学生处理突发事件的能力。

第三，注重大学生的能力培训，提高大学生的服务技巧和服务能力。要在知识储备的前提下，加强大学生志愿者的社会服务能力，包括交际能力、组织能力、协调能力等。在培训过程中要注重培养大学生的社会责任感，培养他们对志愿服务组织的认同感和归属感，推动大学生志愿服务活动长期稳定发展。

2. 建立健全激励机制

完善的激励机制可调动大学生志愿者的积极性，保持大学生志愿者的服务热情，激发他们的潜能，推动志愿服务活动顺利开展。

第一，高校增加对志愿服务活动的投入，给予志愿者物质激励。高校要给予志愿者物质支持，给予路费、餐饮费、住宿费的支持，并提供医疗保险、交通保险、意外伤害保险等各类免费保险，使志愿者得到一定的社会保障。

第二，给予志愿者精神奖励，通过授予荣誉证书、树立典型模范等，增强志愿者的自信心和自豪感，使他们乐于从事志愿服务活动。通过为志愿者颁发"优秀志愿者"等荣誉，使志愿者获得一些特别的待遇。

第三，高校还可在推优入党时，优先考虑志愿服务者。这些激励的方式可以促进大学生参与志愿服务活动，同时让他们感受到社会的认可和支持，进而更加投入地参与到服务社会、帮助他人、奉献爱心的活动中。

3. 建立健全法制保障机制

大学生志愿服务是一种自愿的无偿性的非政府行为，但政府的支持、扶持力度对大学生志愿服务活动的顺利开展起着非常重要的作用。

第一，政府可以将大学生志愿服务活动纳入事业规划之中，设立专项基金以支持和保障公益事业的发展，进而促进志愿服务活动的良性发展。

第二，制定相关法律法规。只有建立健全完善的法律法规、明确的法律性质、严谨的处罚体制，才能真正保障大学生志愿者的合法权益，解决大学生志愿者的后顾之忧，推动公益事业顺利发展。

4. 完善监督机制

完善的监督机制可以提高志愿者的服务水平，保证服务质量。

第一，媒体监督机制。媒体应发挥自身优势，除了宣传大学生志愿活动，还需要对违反志愿服务活动规定的行为进行报道，以唤起社会的关注。

第二，高校监督机制。校团委要制定大学生志愿服务活动的评估机制，监督大学生完成服务活动并进行评估与总结，表彰先进，宣传典型，以便志愿者反思自我，向标兵学习。

第三，志愿者互相监督。在整个志愿服务活动中，志愿者要互相监督、互相提醒，力争圆满完成志愿服务活动。

5. 加大资金投入

社会、高校要大力支持大学生志愿服务活动，为志愿者提供培训及基本设施的保障，以便其更好地开展服务工作。提供培训经费，保障大学生志愿者能够得到良好的指导。为志愿者提供技术、物资的支持，保证志愿服务活动顺利进行。此外，可通过与社会志愿服务组织合作来提高大学生志愿服务活动的有效性，提高大学生的社会责任感。对于志愿者活动的持续发展来说，独立且具有职业性质的非营利组织扮演着重要角色，这些组织为高校志愿团队活动的顺利开展提供各方面的支持。非营利组织通常拥有多年的经验积累，了解志愿服务活动的运作原则和最佳实践，可以提供指导和咨询，帮助高校志愿团队规划和组织活动，确保其有效性和可持续性。同时，这些组织还拥有广泛的信息网络和资源，可以向高校志愿团队提供相关信息，帮助其扩大影响力。

大学生是最具创造力、最具活力的群体之一，他们拥有创新精神、梦想和勇气。在大学生志愿服务活动中，他们不断创新志愿服务的形式和内容，将自己的专业知识与志愿服务有机结合起来，充分展现自身的优越性，充分发挥专业特色与社会的需求，努力使自己为社会作出更多的贡献。

第三节　思想政治教育的文化建设路径

一、大学生宿舍文化建设

（一）高校大学生舍友关系现状

1.高校舍友关系不和谐现状出现的原因

（1）高校的宿舍管理制度不完善，宿舍文化建设不健全

第一，在一些高校中，宿舍管理制度并不完善，缺乏明确的规定来约束宿舍的纪律、内务等方面。这种情况下，由于没有清晰的指导，以及对宿舍的要求和标准模糊不清，导致一些学生在宿舍的举止较差，对宿舍的卫生和纪律不够重视。此外，一些学生因家庭原因，缺乏家庭劳动的经验。在家庭中，他们可能没有承担过清洁卫生等家务工作，对宿舍的卫生清洁问题缺乏自觉性。他们可能只在面临宿舍检查或评比活动时才会进行清理和整理，在平常的生活中对宿舍的维护较为忽视，没有意识到宿舍是自己的"家"。因此，不会主动参与到宿舍的整理和维护中，缺乏对宿舍环境的热爱和责任感。

第二，许多宿舍未能良好地进行文化建设，使宿舍文化的潜在教育效果未能得到充分发挥。一些宿舍文化呈现孤立和冷淡的特征，还有一些宿舍文化则呈现冲突和敌对的特征。整体来看，低年级的学生会在宿舍评比活动中积极地参与，致力于美化宿舍文化并规范个人行为；相反地，高年级的学生通常对宿舍文化建设缺乏热情，少有参与评比活动的情况。在宿舍里，每个人都有自己独特的文化

背景和价值观，缺乏共同的文化特征和目标，导致团队凝聚力不足，阻碍了大学生的综合发展。

（2）大学生人际交往能力欠佳，个性张扬，团结意识较差

第一，由于大学生的生活环境各不相同，使他们的生活习惯可能存在较大差异。有些学生可能有规律的作息时间，注重卫生，而一些学生可能作息不规律，对卫生缺乏重视，这种差异就很容易引发宿舍内的冲突和矛盾。此外，当代大学生以自我为中心，关注自身的利益和需求，缺乏为他人着想的意识。他们在宿舍生活中只考虑自己的舒适和便利，忽视了室友的感受和需求，导致宿舍内部关系紧张。同时，一些学生在择友过程中容易产生排斥和厌恶的倾向，形成小团体，与其他室友保持距离，这种小团体思想会导致宿舍内部的隔阂和矛盾加剧。

第二，互联网的普及虽然为学生们提供了更多的机会，拓展了他们的生活空间，但也引发了一些学生沉迷于虚拟世界无法自拔的困扰。这种沉迷不仅影响了学生的学习和发展，还限制了他们与他人进行真实而有意义的交流。此外，高年级同学面临着就业、考研等事务的压力，导致他们与舍友的交流逐渐减少，舍友之间的关系逐渐疏远。

第三，学生们由于处理矛盾的能力不足，共居一室的舍友之间难免会产生矛盾和冲突，如果无法妥善解决，则可能导致纷争甚至冲突的发生。

2. 促进高校大学生和谐舍友关系建设的策略

构建和谐的舍友关系是需要高校及大学生共同努力的。高校在此过程中起到重要的引导和管理作用。高校应不断完善管理制度，以保障学生宿舍的秩序和安全。高校需营造良好的德育环境，加强对学生的教育与引导，引导学生明辨是非、树立正确的价值观。此外，高校还应促进宿舍文化的建设，提供支持和场地，让学生有更多的机会进行交流和互动。大学生也要积极主动参与，为和谐的舍友关系贡献自己的力量。大学生应协调舍友关系，尊重彼此的权益和空间，及时沟通解决矛盾和冲突。大学生要不断加强自身的道德修养，注重品德建设，培养良好的人际交往能力。只有高校和大学生共同努力，才能够建立和谐的舍友关系。具体可以从以下几方面入手。

（1）高校应高度重视舍友关系，加强教育与引导

第一，增设相关课程，加强教育与引导。各高校应当从入学教育开始，引导

大学生重视与舍友之间的关系。学校可以开设人际交往或社交礼仪课程，并将其设置为必修课，确保课程覆盖每一位学生，这样将有助于培养学生对人际交往的重视。在这门课程中，应注重教授人际交往的技巧，并结合学生身边的案例进行教学，以更加贴近学生生活的方式吸引他们积极参与讨论。此外，还应当组织实践教育活动，让学生逐步掌握一定的社交技巧。例如，当发生矛盾时，学生应学会换位思考并能够面对面地沟通交流，以解决矛盾。如果矛盾无法得到妥善解决，学生可以寻求班主任或辅导员的帮助，及时解决纠纷，挽回友情。通过这些教育措施，帮助大学生意识到与舍友交往的重要性，并掌握处理人际关系的技巧，进而促进良好的舍友关系的形成。

第二，加强宿舍文化建设，构建温暖和谐的"加油站"。宿舍文化的建设不仅是为了提供一个良好的居住空间，也是为了塑造学生积极向上的品质和健康的人际关系。通过宿舍文化的培育，学生在潜移默化中接受教育，从而真正达到良好的育人效果。在宿舍文化建设中，高校扮演着关键的角色，高校可以定期举办宿舍文明评比和宿舍风采大赛等活动，展示宿舍的优秀风貌，激发学生们的参与热情。学生在比赛中富有创造性地布置宿舍，展现出其独特的风采，同时也培养了他们的团队意识和合作精神，这些活动不仅是一场竞争，更是打造出了一个增进友谊、促进交流的平台。通过这些温暖和谐的活动，学生之间的关系将逐渐升温，从而建立起深厚的舍友情谊。除了活动的开展，高校还需注重宿舍文化的日常建设。可以设置宿舍辅导员或宿舍长，让他们负责维护宿舍秩序、解决宿舍内部的问题，并给予学生必要的引导和教育。同时，学校也应提供充足的宿舍设施和便利的生活条件，为学生创造一个良好的学习和生活环境。这样的举措将使宿舍成为学生学习和成长的温床，潜移默化地培养出他们的自律性、自觉性和责任感。

（2）大学生自身要加强道德修养，重视宿舍友情

第一，大学生应该积极主动地改变不良的生活方式。一些学生可能来自独生子女家庭，已经习惯了独立的生活方式，这部分学生应该调整自己的作息时间，避免过晚归宿和熬夜等不良习惯。积极改善自己的生活方式，不仅可以提高大学生的自我品质，还可以为和谐的舍友关系打下坚实基础。

第二，大学生应该包容宿舍里来自各地的同学。每个人的生活习俗、家庭背景和成长环境都有所不同，大学生应该保持开放的心态，尊重彼此的差异，主动与室友沟通交流。通过互相理解和支持，可以缓解潜在的冲突和矛盾，建立真诚的友谊和合作关系。此外，大学生还应该积极参与宿舍内务，培养自我约束能力和团队意识，通过共同分担责任和合作完成任务，大学生可以学会尊重和照顾他人的习惯。这有助于培养团队合作意识和集体观念，以及自我约束和自我管理的能力，提高个人素质，促进和谐的舍友关系。

第三，强化自身道德修养，积极主动与舍友交往是大学生宿舍文化建设的核心。大学生们应培养宽容心态，理解和尊重他人的差异。在面对舍友不同的观点、习惯和生活方式时，要学会换位思考，站在对方的立场上给予理解和体谅。只有互相宽容和理解，才能在舍友之间建立亲密而稳固的关系。大学生们应该积极主动地与舍友交往。宿舍不仅是一个居住的地方，也是一个相互支持和成长的小社区。舍友们要互相帮助和支持。当舍友遇到困难时，不应该袖手旁观，要主动伸出援手，提供精神上的鼓励和支持，或者给予实际的帮助，共同克服困难。最重要的是，大学生们要以积极向上的心态去建设宿舍文化。每个人都应该承担起责任，共同营造一个整洁、安全、和谐的居住环境。

总的来说，大学生舍友关系的建设直接关系着高校立德树人的工作任务，是一项需要高度重视的工作。为了营造和谐的舍友关系，需要学校和学生共同努力，以促进学生的全面发展和健康成长，帮助他们在大学期间建立持久的友谊和合作关系，为他们未来的发展奠定坚实基础。

（二）大学生宿舍行为文化建设研究

在现代高校的背景下，宿舍不再只是学生的休息场所，更是一个涵养大学生思想政治素养和规范行为的重要环境。宿舍行为文化作为宿舍文化的具体体现，承载着学生集体生活的各个方面。它关乎个人修养，是影响整个宿舍氛围和学生群体形象的关键，健康向上、和谐的宿舍行为文化可以起到同化和导向的作用。当一个宿舍形成了积极健康的行为文化，它会像一面镜子一样，反映出学生的精神面貌、知识结构、社交能力以及生活方式等。这种积极的文化价值观和行为规范会不断影响和引导其他宿舍成员，进而形成整个宿舍的良好风气。同时，健康向上、和谐的宿舍行为文化还能及时有效地制止不良行为。

1. 大学生宿舍行为文化概述

宿舍行为文化是一种柔性管理机制，运用潜移默化的方式开展思想政治教育，消除宿舍中的不和谐因素，并通过营造良好的生活氛围规范大学生的自身行为，进而调节宿舍成员之间的人际关系，促进宿舍成员的健康成长成才。

通过建立健康向上、和谐、自律的宿舍行为文化，可以促进学生的学习和成长。这种行为文化能够培养学生的良好品行和自我约束能力，营造积极向上的学习氛围，增进宿舍成员之间的相互理解和互动。同时，宿舍行为文化还起到制止不良行为的作用，帮助维护宿舍的秩序和安宁。宿舍行为文化是大学生实践行为的具体体现，也是整个宿舍文化的外在体现。

第一，宿舍获得性行为。宿舍获得性行为是基于适应环境和自我变革的需求，大学生通过相互学习和自主学习等方式，在宿舍学习和模仿的行为。宿舍作为大学生学习、生活的主要场所，在宿舍中的获得性行为对于他们的成长和发展具有重要影响。除了专业知识和生活探究，这些行为还包括相互学习、模仿、从众和攀比等。获得性行为既可以是积极健康的，也可以是不良的。不良的行为包括情感攀比和消费攀比，可能会导致大学生迷失方向和陷入困惑。然而，获得性行为也是大学生提高综合素质的有效途径。通过自主学习和相互观摩，大学生可以获取生活常识、各类技能和知识，从而促进他们的成长和发展。所以，应该鼓励大学生在获得性行为中保持独立思考和理性判断，避免出现盲目从众和攀比行为，甚至被不良行为牵着鼻子走的情形。因此，构建宿舍行为文化就是要引导大学生形成真、善、美的价值观，并自觉践行正确的行为观。

第二，舍友交往行为。良好的舍友交往行为是大学生人际关系中的重要组成部分。在共同生活的宿舍中，每个舍友都希望获得彼此的尊重和理解，渴望建立真挚的友情。良好的舍友关系能够在学习上相互探讨，共同进步；在生活中相互照顾，互相支持；在情感上相互倾诉，化解心理压力；在困难面前相互帮助，共同度过困境。

良好的舍友交往行为对大学生的学习、生活和工作都起着积极的影响。良好的舍友关系能够提供一个良好的学习环境，舍友间可以相互讨论学习上的问题，分享学习资源和经验，互相激励和监督，从而提高学习效率和成绩。同时，良好的舍友关系可以使生活更加愉快和充实，有助于建立健康的心理状态，舍友间可以相互倾诉烦恼和困惑，减轻心理压力，共同成长。但是，不良的舍友交往行为会带来负面影响，相互之间的冲突和摩擦会导致关系紧张甚至恶化，影响学习和生活。高校宿舍发生的伤害案警示着大学生要妥善处理宿舍人际关系，重视舍友交往，自觉将舍友视为同胞，互帮互助，珍惜友谊，共同构建和谐的大家庭。

第三，网络文化行为。在科技高速发展的现代社会，以"00后"为主的大学生群体成为网络使用的主力军，他们利用网络玩游戏、刷电视剧、聊天、发微博、看微信等。网络在当代大学生的生活中扮演着重要的角色，为他们提供了学习、社交和娱乐的渠道。然而，一些学生可能会过度沉迷于网络，沉浸于游戏、追剧或刷短视频等碎片化活动中，导致他们无法有效地安排时间和精力去学习和参与现实生活。因此，高校需要对大学生进行网络行为的教育和引导，帮助他们正确使用网络资源，合理安排时间，保持学习和生活的平衡。

2. 高校大学生宿舍行为文化建设现状

（1）高校在建设宿舍行为文化方面的现状

宿舍行为文化是宿舍文化的精髓，是高校校园文化的有机组成部分，与高校精神文明建设及立德树人的根本任务息息相关。当前，高校宿舍行为文化建设已取得了良好的效果，同时也存在一些问题。

第一，高校较为重视宿舍文化活动，但活动效果缺乏持久性。普遍重视宿舍文化活动的开展，注重提高大学生的综合能力，通过形式多样的活动吸引广大学生踊跃参与，并已取得了一定的成效，但必须认识到其效果缺乏持久性，主要体现在三个方面：首先，很多大学生更注重活动的娱乐性质，忽视了活动背后的深层次价值。其次，大学生大多将活动结果作为衡量成功与否的标准，他们倾向于以评比结果来判断活动的价值。这种功利性导致了宿舍活动的短暂性，限制了活动的影响力和持久性。最后，部分学生缺乏主动性，他们只是为了开展活动，缺乏对活动结果和意义的真正关注。

第二，部分高校重宿舍管理而轻思想教育。部分高校过于重视宿舍管理、轻视思想教育的问题主要体现在以下三个方面：首先，一些高校更注重对学生宿舍行为的规范与约束，未能将思想政治教育与引导结合起来，以满足大学生的个性需求，忽视了对大学生应有的人文关怀。其次，后勤社会化运作后，许多高校的宿舍管理人员由后勤部门聘用，他们通常学历较低，年龄偏大。这些宿舍管理人员只能按照规定的程序进行工作，无法有效地进行思想政治教育。他们缺乏专业知识和方法，无法满足大学生的思想成长需求。最后，一些高校过于强调宿舍活动的娱乐性质，忽视了宿舍行为文化建设的育人功能。他们将宿舍活动视为纯粹的娱乐方式，忽略了对学生的教育，这样的做法颠倒了主次关系，无法真正达到培养学生综合素质和价值观的目的。

（2）大学生自身行为现状

第一，大学生对新事物有良好的接受能力，但有时也会有盲目从众的行为。宿舍是大学生学习、工作、生活的重要场所，大学生的学习能力强，易于接受新事物、模仿舍友行为，也易于被舍友同化。在宿舍中与室友们相处，共同解决问题，培养了人际交往的能力。此外，合理安排宿舍内的任务和活动，还可以帮助学生培养团队合作和协调能力。然而，由于大学生群体的特殊性和宿舍生活的自由度，一些学生可能会受到不良行为的影响。盲目从众意味着学生可能会模仿他人的行为，忽视自己的价值观和个性特点。盲目攀比意味着学生可能会为了迎合他人的期望过度追求物质和外在表现。懒惰和嗜睡则可能导致学生缺乏学习动力，影响他们的学习成绩和个人发展。

第二，降低现实社交的重要性，推广虚拟社交。现今的大学生在使用网络方面表现出了高度依赖。他们凭借电脑、手机遨游在网络的海洋中，被五花八门的信息牵着走，对网络产生了依赖，甚至是沉溺其中。在宿舍里，学生有机会进行各种活动，包括网络购物、聊天、玩游戏和完成学业任务。这些活动本身并没有问题，它们可以增加学生的社交互动、放松心情和娱乐休闲。然而，需要注意的是，不良信息和游戏中的暴力内容可能会对学生产生负面影响，学生容易受到这些内容的诱导，从而产生不良行为，如过度沉迷游戏等。

第三，大学生普遍赞同宿舍团体活动。宿舍活动能够在舍友之间起到润滑作用，促进彼此间的关系，增进彼此间的互动。

3.加强高校大学生宿舍行为文化建设的策略

"努力使校园真正成为一部立体的、多彩的、富有吸引力的教科书，产生'随风潜入夜，润物细无声'的育人效果。"① 宿舍行为文化是宿舍文化的行为载体与动态体现，对于规范学生个人行为，促进大学生全面发展具有重要的意义。高校应高度重视宿舍行为文化的建设，多方位、高效率地构建和谐宿舍行为文化，促进立德树人根本任务的顺利完成。

（1）建立健全四位一体的管理模式

第一，在宿舍行为文化建设中，创新宿舍管理模式起着关键作用。宿舍行为文化是高校精神文明建设的重要组成部分，也是学生发展成长的重要环境。因此，高校需要以正确的思想为引导，建立一个协调管理的领导机制。这个机制需要学工处、后勤处和二级学院等各个部门的参与和协调，形成合力。同时，建立由辅导员、学生会专职干部、班级生活委员和宿舍全体同学为一体的四级管理模式，从各个层面对宿舍行为进行管理和引导。在具体实施中，高校需要统一指挥、层层疏导、实时调控，及时发现和解决宿舍行为中存在的问题，确保宿舍行为文化的良好建设和引导。

第二，建立健全宿舍管理制度，是加强宿舍文化建设的一项必要保障措施。建立科学合理的制度是促进大学生宿舍行为文化顺利建设的基本保障。在科学的管理制度下，对后勤服务进行有效管理，能够培养学生良好的行为习惯以及学习、生活作风，从而达到服务育人的良好效果。如今，许多高校开始引入有关宿舍管理的政策和规定，以改善和加强宿舍的管理，如大学生晚归寝、夜晚出、不归寝管理制度等，但还需要从以下几个方面完善管理制度：首先，制定健全宿舍管理人员的制度，以提高后勤服务的质量。其次，为保障学生的合法权益，开启宿舍维修绿色通道。因扩招带来的宿舍维修问题成为困扰学生的一大难题，许多设备报修多次都没有得到相应的解决，对学生的学习与生活产生了较大的影响。最后，为了有效管理宿舍网络使用，高校应该建立合理的网络制度。其中，一个重要的方面是通过网络系统设定宿舍网络使用时间。合理限制宿舍网络使用时间有助于保证宿舍成员的正常作息，尤其是晚间休息时间。良好的睡眠对学生的健康和学习都非常重要，如果网络使用没有限制，可能导致学生过度沉迷其中，影响睡眠质量。此外，限制不文明网络行为也是建立和谐宿舍环境的重要一环。通过设立

---

① 杜红芳. 校园文化德育功能发挥探析 [J]. 学校党建与思想教育，2008（04）：74-75.

合理的网络使用制度，可以限制不文明行为的发生，促进宿舍成员之间的相互尊重和友好关系的建立。

（2）加强宿舍行为文化建设需要遵循的原则

第一，宿舍行为文化的核心思想是坚持创新原则，并以此来激发学生主动参与宿舍环境建设工作之中的热情。在宿舍行为文化中，需要根据时事、校园文化和宿舍文化的变化进行相应的调整和更新，这意味着宿舍行为文化需要时刻保持敏感度，随时适应学校和社会的发展变化。为了实现这一目标，宿舍行为文化的创新可以借鉴其他地区和高校的成功经验。同时，结合本校的专业特色进行创新，以确保宿舍文化与学校整体文化相协调。在制定宿舍行为规范时，必须基于大学生基本行为准则，建立起符合学生需求和期望的行为规范。此外，为了提高学生的创新能力和综合素质，学校还应为创新宿舍行为文化提供充分的展示平台，鼓励学生们更好地创新。

第二，遵循激励性原则，以提高活动的实际效果。激励性原则意味着在宿舍行为文化的建设中，要以宿舍学生为中心，唤起他们的积极性、主动性和创造性，从而提高他们参与宿舍行为文化建设的兴趣和投入程度，使其言谈举止符合社会主义核心价值观的要求。高校通过宿舍行为文化建设，激发客体即大学生的积极性，提高他们的思想觉悟，增强其毅力，使当代大学生树立高度的社会责任感，为实现自我梦想、社会梦想、国家梦想不断努力。

第三，学校应秉持学生至上的理念，创建良好的环境以促进育人服务。高校开展思想政治教育应以学生为中心，这不仅是基本要求，也是必须顺应时代发展和学生成长的客观需要。大学宿舍文化的建设要由大学生作为主要力量来实施，他们既是主体也是行动者。因此，需要充分发挥大学生的领导作用，以满足学生宿舍合理需求。宿舍行为文化的塑造不仅仅是宿舍管理人员的责任，更是所有宿舍学生都要承担起的主体责任。高校应该保证宿舍学生的主人翁地位，激发他们的积极性，鼓励他们自愿投身于宿舍行为文化建设中，增强其责任意识，使其能够积极履行行为文化主体义务。坚持以学生为本的原则，要求宿舍管理人员积极转变观念，从关爱的角度出发，做好宿舍的管理与服务工作。同时高校辅导员也要坚持以学生为本的原则，以高度的责任感和优质的服务态度感染学生，潜移默化地影响学生，关注宿舍不恰当行为，关心弱势群体，不断提高宿舍学生的自律性，提高学生的自我约束能力。

（3）搭建宿舍活动平台，促进宿舍和谐

第一，为了增进宿舍团结，高校应该积极创新宿舍活动的形式，并提供多样化的选择，以满足不同宿舍成员的兴趣和需求。首先，高校可以举办以宿舍为单位的各种评比活动，如"宿舍文化建设评比"和体育竞赛等，通过这些活动，宿舍成员可以展示自己的才艺和团队合作能力，同时感受到集体荣誉和成就感。活动过程中，可以设置一些有趣的规则和挑战，激发大家的互动热情，培养积极向上的宿舍氛围。其次，宿舍成员还可以自行组织本宿舍的集体活动。例如，定期举办宿舍运动日，鼓励大家一起参加各种体育运动，既锻炼身体又增进友谊。此外，还可以组织宿舍爱心日，开展公益活动，关心社会弱势群体，弘扬爱心与责任，这些活动不仅促进了宿舍成员之间的交流和互动，也培养了他们的社会责任感和团队合作精神。通过创新宿舍活动形式，提供更多样化的选择，让宿舍成员能够积极参与并发挥自己的特长。同时，也能够加强宿舍团结，培养宿舍成员之间的互助精神和友谊，打造一个温暖、和谐的宿舍大家庭。此外，宿舍管理人员也应发挥积极的作用，鼓励学生参与集体活动，并为其提供必要的支持和帮助。

第二，为了促进宿舍成员之间的交流与联系，高校应该帮助学生们搭建起一个宿舍交流平台，举办各种类型的宿舍联谊活动，包括文艺联谊、知识竞赛等多种形式的宿舍联谊活动，既可以是本专业的联谊，也可以是跨专业的联谊，甚至可以是男女生宿舍的联谊。这样的联谊活动旨在打破宿舍和专业的限制，促使学生之间互通有无，分享彼此的经验和知识，提供全面的发展机会。此外，宿舍联谊活动还有助于培养学生的团队合作能力、领导能力和组织能力，提高他们的综合素质和社交能力。为了确保宿舍联谊活动的成功举办，高校应该积极支持和指导，提供必要的场地、设施和资源。同时，宿舍管理人员也应发挥积极的作用，鼓励学生参与宿舍联谊活动，并提供必要的支持和帮助。这样的宿舍联谊活动不仅有助于个体的成长，也能够增进整个宿舍的凝聚力和团结性，营造一个和谐温暖的宿舍氛围。

（4）完善激励机制，激发学生内在动力

为了规范和改善宿舍学生的行为，高校可以采取评优激励的方式，将宿舍评比工作与大学生综合素质直接挂钩。具体来说，可以引入类似于"文明宿舍""宿舍之星"等评选活动，并将其与"三好学生""优秀学生干部"等评优工作挂钩。通过评优激励的模式，大学生会认识到良好的行为举止不仅能够获得宿舍成员的认可和尊重，还有助于个人综合素质的提升和社会评价的提高，有效规范宿舍学生的行为，培养和践行社会主义核心价值观。通过参与评优活动，学生将更加重视诚信、友爱、互助、勤奋等美德的培养，同时也能够加强团队合作意识和集体荣誉感。为了确保评优激励模式的有效实施，高校应当建立一套完善的评选机制和评审标准。评审过程应该公平、公正、透明，并充分考虑学生在学术、品德、社会实践等方面的全面表现。

二、大学生手机文化建设

（一）大学生手机成瘾的成因及干预策略

1.大学生手机成瘾的成因分析

（1）手机文化快速发展，迎合了学生的需求

随着校园周边各类通信业务的蓬勃发展、无线局域网络的开放及大学生手机的配备，手机成瘾已成为困扰大学生的一个严重问题。手机在提供便利和丰富资源的同时，也带来了许多负面影响。手机上的信息充斥着大量未经加工筛选的原始内容，良莠不齐、鱼龙混杂，影响着学生的判断。同时，网络游戏等诱惑纷至沓来，挑战着大学生的自控能力，导致大学生产生强烈的思想和心理振荡。手机成瘾对大学生的思想、学习和价值观产生了巨大的负面影响。有些大学生沉迷于手机网络之中无法自拔，导致他们陷入浅薄的娱乐消遣中，无法专注于学业。

（2）从网络自身特点来看，手机满足了大学生的需求

网络作为一把双刃剑，既为大学生提供了广阔的知识和交流平台，也带来了一些负面影响。大学生的求知欲和求新求异的驱动力，使他们寻求多元化的信息，喜欢浏览各方面的内容。然而，在信息的海洋中，不良信息也夹杂其中，很容易引发大学生的好奇心，甚至使他们的思想和道德出现偏差。大学生对手机和网络产生了心理依赖，时刻沉浸在信息的世界中。他们变得无法离开手机，一旦没有上网的机会就感到不适、不安，这种过度依赖网络的现象使他们无法专注于学业，

耗费了大量的时间和精力。有些学生甚至因此荒废了学业被迫退学，这严重影响了他们的个人发展。

2.辅导员对大学生手机成瘾问题的实施策略

辅导员是大学生的人生导师和领路人，有责任、有义务教育与引导学生合理使用手机，尤其是要帮助手机成瘾的同学及时走出困境，健康成长成才。

（1）优化校园文化建设，教育大学生适度使用手机

学校管理不同于其他社会管理的一个本质特征就是其教育性，这种教育性既来自学校管理的本来目的与要求，也来自对大学生的尊重和对其身心发展的引导的需要。道德教育集中在把学校作为一种社会生活的方式这个概念上，最好的和最深刻的道德训练是在人们工作学习和思想的统一中跟别人发生适当关系得来的。校园文化建设作为一种隐性的管理，不仅要使大学生的行为规范符合学校的标准，还应该最大限度地发挥其育人的功能，因此辅导员要借助校园文化的教育载体，通过多种方式教育学生适度使用手机，适度使用网络。作为高校辅导员要从以下几个方面努力。

第一，制定并完善课堂纪律的相关制度，严肃学生的课堂纪律，杜绝在课堂上使用手机。

第二，围绕手机这一话题开展多种活动，如无手机课堂活动、卧谈无手机活动、星级宿舍评比活动、关于手机利弊的辩论赛、正确使用手机的电子板报评选活动等，教育学生适度使用手机。

第三，开展丰富多彩的校园文化活动，调动学生参与其中的积极性，如开展学科竞赛、演讲比赛、环保活动、团日活动、党日活动等，在提高学生积极性的同时，提高了大学生的综合素质及综合能力，还能避免学生对手机的过分依赖。

（2）建立并完善家校联系机制，共同关注学生的成长

辅导员应从学生初入学开始，通过QQ、微信或电话与家长建立长期联系。大学生的成长需要学校和家庭的教育与引导。升入大学之后，很多学生都是背井离乡，基本脱离了父母的视线，学生的在校表现需要辅导员的反馈。同时，一些学生会将自己的感受向父母倾诉，这样通过家校联系机制，家长可以向辅导员反馈，及时寻求帮助。在良好的家校联系机制的条件下，形成良好的互动关系，家长与辅导员经常沟通交流，信息互补，及时关注学生的成长动态，如果发现学生

有手机成瘾问题，也能够及时干预。同时，家校联系机制的建立与完善，使大学生在现实生活中获得了自我价值感与自我成就感，可以预防或减轻大学生对网络的依赖。

（二）大学生网络舆论引导建设

自媒体的交互性、即时性、平民性及个性化的特点，使任何人都可以成为信息传播的主体，成为人们关注的焦点。在高校中，网络舆情的议题范围广泛，传播速度快，影响力大。一些突发事件很容易引发群体性事件，严重损害高校的形象。因此，必须高度重视自媒体时代下高校网络舆情的发展，使其能够促进大学生网民的知识、情感、意识和行为的全面发展。这不仅是高校思想政治教育的重要任务，也是高校团干部的职责所在。面对自媒体时代下高校网络舆情的挑战，共青团需要加强引导策略的研究，提升团干部的媒体素养，加强对大学生网民的引导与教育，利用新媒体工具开展宣传活动。这样才能更好地应对自媒体时代的挑战，推动高校网络舆论朝着积极向上的方向发展。

1. 加强高校共青团网络舆论引导的意义

（1）有助于为高校开展思想政治教育提供理论依据

加强高校共青团网络舆论引导有助于进一步深入学习及贯彻落实习近平新时代中国特色社会主义思想，引领广大青年学生认真领会和落实习近平总书记关于青年成长成才的一系列重要论述，做有理想、有追求，有担当、有作为，有品质、有修养的青年学生，更加坚定地跟党走中国特色社会主义道路，为协调推进"四个全面"战略布局，实现中华民族伟大复兴的中国梦努力奋斗。

（2）为高校解决舆情问题提供现实依据

加强高校共青团网络舆论引导对解决当前我国高校网络舆情引导中存在的问题，促进大学生健康成长成才，促进高校和谐发展等都有着现实价值和深远意义。对高校共青团网络舆论引导的研究有助于掌握现阶段我国高校共青团网络舆论引导现状、存在的问题及面临的挑战，有助于促进高校的团干部提高自身媒介素养，促进团干部与学生关系的和谐，有助于促进思想政治教育理论的进一步完善，有助于应对不法分子利用网络或高校突发事件进行利诱与误导等不法行为。

当代青年大学生是现代化建设的主力军，是国家的精英群体，引导他们正确用好自媒体开展相应的学习、工作及生活，有利于他们树立正确的世界观、人生观和价值观，有利于他们将个人梦想与国家梦想结合起来，有利于培养合格的社会主义建设者和接班人，有利于中国特色社会主义事业不断推向前进。

2. 当前高校网络舆论的特点

（1）网络舆论主体的特殊性与情绪性

高校共青团网络舆论引导的主体为大学生，他们的综合素质较高，网络使用率高，他们会主动去寻找信息并进行转化，并针对一些信息积极发表自己的观点。大学生的思想活跃、情感丰富、好奇心强、个性张扬，且具有强烈的正义感和社会责任感。但是，有些大学生在发表网络舆论时也表现出感性的一面，观点不全面、分辨能力较弱、立场不鲜明，面对突发事件容易被不法分子利用。大学生处于人生发展的关键时期，面对学业和就业压力，他们有的怨声不断、心态浮躁，在网络高速发展的自媒体时代，他们通过各种舆论来宣泄自己的情绪。这种消极心态引发的情绪型舆论，影响着校园的安定团结，也对社会稳定造成了一定的威胁。

大学生处于特殊的年龄阶段，身心尚未成熟，容易在别人的蛊惑或挑拨下发布虚假信息，进行网络造谣、网络诽谤等，加强大学生的网络舆论引导迫在眉睫。

（2）高校网络舆论的复杂性与可控性

在网络高速发展的今天，高校网络舆论信息复杂，既有学校各机构、各组织的信息，又有各类媒体的海量信息，且传播非常迅速，这更加重了网络舆论客体的复杂性。大学生具有旺盛的好奇心和较多的自由支配时间，他们有时间、有精力、有条件关注校内外的热点事件、网络信息，这些包罗万象、五彩缤纷的信息很容易诱导大学生，导致他们发表一些负面舆论。这种舆论客体的复杂性也加重了高校网络舆论引导的难度，高校主导着网络硬件设施的建设管理，可以通过网管部门对网络用户行为进行监控和管理。

（3）高校网络舆论的平等性与互动性

高校网络舆论引导的主客体具有平等性与互动性，在虚拟社会中，网络舆论引导的主客体不需要在固定的时间、场所进行教育与被教育、引导与被引导，而是主客体在计算机、手机的终端彼此互动交流，这就调动了客体的积极性，也使网络引导主体能及时了解和掌握客体的真实观点和真实想法，触摸舆论跳动的脉搏。在主客体互动中，高校网络舆论引导者能将意图和观点潜移默化地传授给客体，从而产生良好的引导效果。

3. 增强高校共青团网络舆论引导实效性的措施

构建自媒体时代高校共青团舆论引导的策略体系，提高高校团干部的媒介素养及舆论引导，避免或及时化解自媒体时代因舆情问题引发的高校突发事件，在促进高校和谐发展的同时，创新高校共青团的工作方式，促进大学生健康成长成才。

（1）高校共青团网络舆论引导要坚持硬性要求与人文关怀相结合

共青团是高校开展思想政治教育工作中与学生接触最为密切的部门之一，也是广大学生最信任的一个部门。学生是受网络舆情冲击的主要对象，自媒体时代给予受众更多的参与空间，他们已不满足于简单地接收信息，而是以更为主动的姿态参与到信息的制造与传播过程中，同时对单一信息的传播也产生抵抗与不满。因此，作为团干部既需要用硬性的手段来规范大学生的网络舆论表达，又要给予足够的人文关怀，在关爱学生的同时，把握当代大学生的思维脉搏，掌控学生的思想动向，了解他们的价值观、人生观及世界观的走向，有针对性地开展网络思想政治教育，促进学生健康成长成才。同时，在人文关怀中疏导和感化大学生网民，实现舆论的良性发展。

（2）高校共青团网络舆论引导要将虚拟引导与解决现实问题相结合

高校学生网络舆情是社会冲突与高校教学、科研、管理等方面矛盾的反映，如果这些问题得不到妥善的解决，高校舆论引导就无法在根本上取得成效。大量的事实表明，只要在现实中解决好学生的合理诉求，那么学生就不会借助自媒体宣泄自己的情绪，也就不会产生对高校及社会稳定的负面舆论。所以，高校网络舆论引导中，既需要在虚拟的网络空间中针对学生网络舆论的传播特点和规律，创造性地开展网络舆论宣传与引导的有效方法，增强号召力、吸引力、感染力，传播正能量，弘扬主旋律，又需要高度重视学生在网络舆论中所提出的问题及矛盾，并及时给予解决，或给予表态及回应让学生看到希望，相信学校会坚持以学生为本的原则，一切为了学生，这样才能从根本上截断不良舆论的根源。

（3）高校共青团网络舆论引导要将及时性与长期性结合

高校共青团在网络舆论的引导中，既要及时处理紧急舆情，又要坚持不懈、有条不紊地占领主阵地，主动发布主流意见，传播主流思想，塑造主流价值观，弘扬主旋律。高校共青团要实时关注网络动态发现舆情，并及时处理突发事件，掌握舆论的主动权，彰显校方官方的诚意，掌控信息发布的措辞，促进舆论引导的有效进行。如果在网络舆情发生时，校方、官方没有及时发声，便会丧失舆论引导的最佳契机，因此实时关注舆论动态非常重要。同时，高校共青团舆论引导还要坚持长期性的原则，无论是对大学生网民情绪的疏导还是对社会问题的解决都不是一蹴而就的，更不会因为一次舆情事件的成功解决就一劳永逸。面对这些问题，需要遵循长期不懈、稳中求进的原则，有效地监控及开展网络舆论引导，帮助大学生健康成长成才。

第五章 大学生思想政治教育教学创新研究

本章主要介绍大学生思想政治教育教学创新研究，主要介绍四个方面的内容，分别为教学模式与教学体系的创新探索、教学方法与教师能力的创新探索、传统文化与教育教学的融合探索、思政课程与课程思政的协同育人探索。

第一节 教学模式与教学体系的创新探索

一、思想政治教育的教学模式创新探索

（一）"言教 + 身教" 教育模式

中国有句老话说得好："桃李不言，下自成蹊。"教育者的"身教"和"言教"虽然都十分重要，但两者的地位却存在差距，其中"身教"要稍胜一筹，主要的原因是对真理进行宣传的人能够对真理执行到什么程度，决定了人们对真理的相信程度。

教师的"尊严"实际上是通过言行举止来建立的，是在获得同学们充分认可的基础上实现的，是在知错能改、坚持真理中树立起来的。一个缺乏学识的教师会被学生所轻视，同样道德品质不佳的教师也不会被学生所认可。在现实生活中，少数教育者在面对学生时，选择采用被社会广泛接受和先进的道德规范来指导他们，然而在自身工作和生活中，则倾向于遵循自己所坚持和具备的道德准则，造成了"双重人格"的出现。这种现象表明，教育者的言行不一，不仅难以让受教育者接受其言传身教，还会引起受教育者的反感。教育者要切记自己的每一个举动都是一面镜子，要想自己的"说"具有力量，一定要"做"得好，只有行为是

正当的，其言语才能够具有说服力；只有行为超过语言，才能让语言发出有力的声响。

（二）模范教育模式

1.定义

模范教育是指树立先进典型，以先进人物的先进思想与事迹为模范，对人们进行教育，从而提高人们的思想认识、道德素质和政治觉悟的一种模式。在德育教育中，模范教育模式能够发挥巨大的作用，具有示范性、生动性和激励性等特征。教育者要想自己的教育获得更好的结果，就必须要对上述特征有充分了解，将受教育者本身的积极性激发出来，并且对受教育者的潜能进行挖掘。在恰当的时间采用适度的模范教育模式，对教育者的个性发展与个人素质的提高可以起到促进的作用。但是，如果过度地使用模范教育模式就会导致受教育者产生心理疲劳，产生与预期相反的效果，没有任何价值可言。传统思想政治教育采取的大多数都是社会化的育人模式，只重视为经济的发展提供服务，却对个体发展的诉求熟视无睹。所以，要想让个体身心发展的需要得到满足，就需要对人文理念进行完善，以此让受教育者的综合素养得到提升。

2.存在的不足

有些高等院校运用的仍然是过场式"听课"的思想政治课堂，教师讲课，学生听讲，教师与学生之间缺少交流，课堂上也几乎没有互动。少数教师在课堂上仍然采用"填鸭式"灌输的传统教育模式，没有综合运用多种教育模式。即使在课堂上采用模范教育模式，也只是为了增加课程的完整性，只通过讲述的方式来传达模范精神。在思想政治课堂运用模范教育模式，在一定程度上也体现为教育者自身对大学生的模范教育，教育者的一言一行都能够影响学生的言语与行为。在实际教学中，一些思想政治教师作为思想教育工作者，不应该在课堂上随意传达消极、错误的思想观念和道德价值观，而是应该向大学生灌输积极向上、正能量的思想和价值观。更糟糕的是，少数教育者甚至以违背道德、触犯法律的行为来对待大学生，给大学生造成一定的负面影响。思想政治教师若是不能起到模范领头作用，那么模范教育模式也不能在课堂上起到它应有的效果。

在实际的行为中，大学生难以将模范精神转化为实际行动，他们并非不愿意，而是无法实现知行合一的目标。众多大学生每一次聆听模范教育的演讲或观看模范人物纪录片，都会触动他们的内心，激发出他们的精神力量。然而，尽管模范精神得到了受教育者的认可和接受，但在实际行动中却未能完全贯彻落实。有不少学生由于模范精神对他的触动难以持久，导致激情还未燃起就已经消失殆尽；也有学生是因为模范与个人生活相距甚远，难以找到切实可行的方式来付诸实践。这两种情况都说明模范精神并不是那么容易被学生们所理解和掌握的。在实际情况中，由于模范教育活动难以有效地贯彻到特定部门，因此缺乏常规性和标准化的实践活动，同时也不容易持续地跟踪和监督。由于多种因素的影响，大学生没有将实践模范精神视为必不可少的一环，从而无法及时或长期地实现模范精神的知行转化。

3.解决途径

（1）加强模范教育模式的运用

在开展模范教育时，必须坚持对不同类型的模范进行精选和培育。社会主义核心价值观所蕴含的道德要求，涵盖了国家、社会和个人多个层面，因此普通高等院校的模范教育应坚持多元化的方式，展现出对祖国和人民的热爱和奉献精神，以及自强不息、砥砺前行的奋斗精神，同时也要有与时俱进、开拓奋进的改革创新精神和辛勤劳作、创造未来的劳动精神。

思想政治教师必须不断提升自身的理论文化素养，以扎实的教学功底为基础，为学生传授思想政治知识，解决疑惑，这是他们的职责所在。作为一名优秀的思想政治教师，应当具备坚定的马克思主义信仰，要用新思想对自己的头脑进行武装，坚定理想信念，增强综合素质。

（2）激发大学生进行自我教育

学校应优化校园网络环境、创建良好的网络学习氛围。在科学技术飞速发展的今天，互联网技术与大学生们的日常生活紧密相连。大学生所置身的校园环境既有真实的一面又有虚拟的一面。当前，各大普通高等院校内几乎均设有网络共享平台，如官方网站、微博、微信、公众号等。互联网传播具有广泛性、快速性和盲目性，均给校园网络环境健康造成了一定程度的影响。学校应合理运用互联网，发挥其积极作用，借助网络来宣传正能量。

引导学生通过行动躬行模范精神。一方面，在校内模范教育实践活动中，大学生应当积极参与，以展现主动性和创造性。高等教育机构扮演着模范教育的核心角色，同时也是大学生成长和发展的重要平台。因此，高校应当加强对学生模范意识培养的工作。此外，大学生也应当积极响应学校的号召，以实际行动支持和推广模范的宣传教育活动，以促进教育事业的发展。可以参与校内模范的选拔活动，推动模范选拔机制的民主化和透明化，发挥自身的主体性作用，对学校组织的模范宣传活动给予一定的支持和帮助，深入了解模范事迹，汲取模范精神的精髓。特别是在党员学生干部中，应充分发挥示范引导的作用，坚定理想信念，多关注班内学生的日常生活和学习情况，并在他们遇到困难时伸出援手，成为道德和品质俱佳、乐于助人的学生楷模。另一方面，大学生应当积极参与社会上的模范实践活动，自觉将模范精神融入日常生活中去。通过学习模范事迹，树立正确的人生观和价值观。大学生终将走向社会，融入社会的大环境之中，成为社会的一分子，因此必须积极践行国家政策，勇于深入基层为国家和人民服务，勇于在恶劣环境中彰显个人价值，唯有奉献社会，大学生方能真正实现自己的价值。

（3）形成尊重模范和向模范看齐的良好社会环境

在家庭教育中，父母应该以身作则，成为孩子的榜样。人类天生具有模仿的本能，模范教育模式则是针对人类模仿心理制定的。在家庭教育中，父母应当做好表率，承担起教育孩子的崇高使命。当父母严格遵守法律法规，孩子便不会对法律视而不见，从而实现了上行下效的目标；当父母勤俭持家时，孩子便不会铺张浪费；当父母有文化有内涵，孩子也会文明行事，对人礼貌。由此可见，在日常生活中，父母的行为非常重要。为了培养孩子的社会主义核心价值观，引导他们热爱祖国、热爱人民，并传承中华民族优秀传统美德，父母应该采取实际行动进行教育。

学校应创造充满模范教育氛围的校园环境。学校应该不断推行多种形式、持续不断的模范教育宣传。普通高等院校的思想政治教育应该贯穿于日常校园活动中，不应仅限于思想政治课程中的教学，这就需要运用模范教育模式进行实践。在普通高等院校的常规活动中，应当保证模范教育的各个环节常规化，通过选拔和宣传模范事迹，可以营造积极向上的氛围，让学生更加认同和崇拜模范；通过常规的学习和宣传模范事迹，可以减少模范教育的政治化和官方化，使其成为大学里的一种实践活动。模范教育活动需要创新宣传方式，摒弃传统的自上而下的宣传形式，充分利用大学生的积极性和自发性。学校需要对思想政治课堂实践活动和学生会社团的课外活动给予一定的支持，推动实践教学的开展。

政府应该建立完善的奖励机制，以鼓励人们学习模范。政府应首先建立起保障模范正当权益的机制。对模范人物最基本的尊敬就在于他们能够享受到他们应有的权利，并且能够得到群众的维护。政府应该通过制度保障模范人物的权益，同时给社会吃了一颗"定心丸"，让人们对社会的稳定感到安心。政府应制定模范行为的奖励机制，以推动社会成员向好的方向发展。对于表现出模范行为的个人或群体，政府应该给予鼓励和奖励，这将对推动社会其他成员学习和践行模范行为，并产生积极的影响。

（三）疏导教育模式

1.主要手段

疏导教育模式包括"疏通"和"引导"两个方面的策略，这两种策略各自具备独特的技巧和方法。

（1）分导

分导是指为了解决某一复杂的思想难题，采用将思考过程分散、分步、分头而导的方法。分散导是一种针对特定群体的思想问题，采用分散、引导的方法对群体中每个成员的思想问题进行有效解决，以切断群体中不良思想的扩散。分步导则是针对个体思想问题而言，造成个人错误的行为的思想存在多方面的因素，需要教育者抓住主要矛盾，有步骤地解决。分头导则是教育者利用各种资源和环境，集中人力和物力，对集中严重的思想问题进行全方位引导，有效解决受教育者的情绪问题，帮助受教育者突破思想上的问题。

（2）利导

利导是指教育者应当灵活运用机遇和环境优势，对受教育者进行有目的、深入的教育，通过适时、生动的授课让受教育者深刻领会并接受正确、积极的思想。一些大型节日是有利的时机，如在国庆节可以安排学生一同观看阅兵式，通过这种方式，青年学子可以直观地认识到我国强大的军队和国防力量，体会到自中华人民共和国成立以来，党领导全国各族人民进行社会主义现代化建设所取得的伟大功绩，使他们产生对党和国家的热爱。教育者可以利用重大事件和特殊纪念日，策划举办各类相关教育活动。例如，在三月份的"学雷锋活动月"，可以组织青年学生参与志愿服务、实践活动，培养学生奉献社会、助人为乐的价值观，并帮助他们深刻理解雷锋精神的内涵，从而提高他们的思想品德和道德素养，促进他们在知识、情感、信仰、意志、行为上的统一，最终形成积极向上的文化氛围。

（3）引导

引导是一种启迪式的过程，即教育者通过提出问题、分析问题并展开讨论的方式，引导受教育者展开头脑风暴，进而通过比较分析及思想碰撞让受教育者能够依据表象挖掘事物内在的本质；通过综合分析事件的正反两方面，引导受教育者学会利用全方位的角度去看待问题，让他们在面对诱惑时变得谨慎，面对挫折时变得勇敢；通过引导受教育者改变其狭隘和浅薄的观念，教导他们使用更全面、发展和联系的理念，以扩展他们的视野和思维。通过基于已知的现实情况指导受教者意识到不良思维模式可能会带来的严重后果，以达到帮助其放弃不适宜的思考方式，重新找到正确的思想方向。

2.基本特征

（1）平等

平等是疏导教育模式运用的前提条件和基础，同时也是首要特征。平等在教育中的体现有以下几点：首先，在教学过程中，教育者与受教育者具有同等的地位和权利，彼此进行平等的交流，受教育者有权利表达自己的意见和想法。其次，在教育双方展开互动交流时，针对某特定问题，双方在表达自己观点的同时，对方需认真倾听并探讨，并就自己理解不清的地方提出疑问，对不同意的观点进行反驳，这种交流呈现是如同兄弟、朋友之间的交流。最后，教育者应该肯定受教育者正确的思想，批评和纠正其错误的思想，这是一种相互交流和探讨并不断提高的过程。

（2）人文关怀

人文关怀是疏导教育模式情感方面的延伸，同时也是该教育模式取得良好成效的重要前提。疏导教育模式强调教育者要认真倾听教育对象的想法和意见，包括情感方面，并将情感交流作为核心主题与教育对象进行沟通和交流，同时也让教育者意识到教学不仅是传输一些理性知识，情感问题的疏通也十分重要，因为只有通过情感沟通，才能使教育对象以积极的态度和良好的形象去接受正确的思想。教育者应当以对待家人、朋友的心态去对待教育对象，关心他们的发展、遇到的问题等，还要肯定他们的个性与价值，尊重他们选择的权利，促进他们的个性发展。

（3）针对性

疏导教育模式要求教育者先仔细听取教育对象提出的具体问题，然后进行分析、辨别、总结。需要根据不同的受教育者所面临的独特问题，采用针对性的措施，并实际行动起来，以确保有效地解决他们的问题；积极地搭建沟通的桥梁，以便能够及时地接收教育对象的合理诉求；需要利用环境资源和各种人力、物力因素，形成协同效应，以有效解决教育对象面临的重大问题；要使用具体的案例、理想或者价值来激发受教育者的直观感受和热情，引导他们认清是非，明确进步的方向。同时，关注受教育者的个人需求，解决他们在成长和发展过程中遇到的实际问题，从而达到真正帮助他们的目的。

3. 必要性

疏导教育模式的必要性在于它与一般的思想政治教育方法相比，更注重对学生的分导、利导和引导。这可以促进高校大学生和教师之间的思想互动和交流，从而推动更深入的思考和探索，这种模式符合学生和社会发展的需求。

第一，疏导教育模式是以民主平等为导向，符合高校学生与教师之间关系的核心价值。在教育中，民主平等意味着双方都享有同等地位，能够自由表达自己的观点并展开互动和交流，没有任何一方处于支配或被支配的地位。就某一具体问题而言，双方必须均发表自己的观点，不能仅由教师主导。在当前普通高等院校注重人文关怀，推崇以德树人的教育背景下，采用疏导模式符合学校构建高校师生关系的方向。教育者不再采用灌输式的教学方式，而是给予学生充分表达自身思想情感的权利。

第二，采用疏导模式时要重视因材施教原则，为了更好地解决受教育者的实际问题，在面对不同的学生时需要采用不同的教育模式，以充分发挥其针对性并取得更好的效果。疏导教育模式要求教育者在倾听并理解受教育者的思想问题和困惑后，结合个人经验和知识，对问题进行总结梳理，帮助学生解决问题、实现自我发展。在整个过程中，都要十分关注受教育者的想法和感受。在教育中，每个人都是独特的个体，只有深入了解学生的个性特点，才能有效地解决他们在思想方面遇到的困难，并且这也符合教育的基本规律，使高校更加有效地、有针对性地进行教育教学。

第三，疏导教育模式在普通高等院校中具有很高的适用性，并被广泛普及。在普通高等院校中，疏导教育模式注重关注学生的个人情况，对于正在形成思想价值观的大学生来说，非常适用且易于实施。因此，该模式在高校中得到广泛应用。

4. 相关措施

学校应当提供适宜的场所来开展疏导教育，合理安排思想政治课程，并为此配备先进的技术设施。首先，学校应该为疏导教育模式的使用提供确定的地点和时间，以便高校学生和教师之间进行交流和探讨。学校也应该为应对突发事件、解决尖锐的矛盾提供灵活的场所和时间。其次，学校应当设计相应课程来帮助学生理解和有效运用疏导教育模式。每种教育模式都有其独特的理论知识，其包含着专有的概念、分类和术语，所以在实施之前，需要学习其理论知识，明确疏导教育模式的概念、主要表现手段以及其形成原因等。一旦教育者掌握了基本的疏导教育技巧，应该深入研究疏导教育的理论，组建课题小组，将理论应用于实践，并推动疏导教育的进一步发展。

教育者应及时总结自己在实践中使用的疏导教育手段，以提高对疏导教育的理解，并有效地应用疏导教育模式。教育者可以将心理学知识和疏导教育知识结合起来使用，了解普通高等院校学生的心理特征，这样才能更有效地与学生进行交流。教育者可以通过使用马克思主义理论进行教学，以此培养学生高尚的思想品质和道德情操，以及积极乐观的人生态度和不断探索的精神。教育者可增强对网络技术的运用，以扩大疏导教育的平台应用，拓展疏导教育的范围。随着社会经济的进步，传统的书信、面对面交流在教育中的应用受到限制，同时学生对这些方式也不感兴趣。因此，教育者需要对新兴科技有所了解，如创建局域网络、提供教师问答专线、通过发送手机短信进行温馨提示等方式。

（四）"生活化"教育模式

"生活化"教育模式是提高大学生思想教育效果的关键一步。为了实现这种模式，高等院校教育者应该以相关的理论为指导，转变教育思想和更新教育理念。

1. 教育理念生活化

（1）教学内容生活化

教学内容包括理论知识和教育思想。教育者在讲授知识时，需要选用与学生生活经历相关的教育素材，以使学生更好地理解理论知识和接受教育。

第一，选择与生活相关的教育素材。生活是具体的，不是想象出来的，也不是遥不可及的。思想政治教育必须以真实、客观、可靠的生活素材为教育素材，虚假、不合时宜的素材只会造成适得其反的后果，产生负面影响。因此，教育者在挑选教育材料时应根据情况确定，确保与学生在日常生活中遇到的事情息息相关。要与生活"现时"保持同步，教育素材要与时俱进，反映今时今日的发展特点。同时，要根据时代和社会发展趋势，不断创新教育素材，使其具有丰富的时代内涵。教育者对于教材的选择要独具慧眼，在教学过程中，需要敏锐地观察生活中发生的大小事情，选择与教学内容或学生生活密切相关的热点事件和生活故事，找到切入点，注重与教学内容的联系，有针对性地进行教育，让故事与理论融合，成为教学的一部分。此外，教育者应在教学过程中引入与生活相关的话题，创设相应的情境，注重使用生动有趣、易于接受的语言，增强学生对教学内容的理解和兴趣。借助广为人知、贴近学生的词汇阐释教学内容，提高教学的艺术性和趣味性，进而增强学生的亲切感，促使学生深化认知，转化行为。

第二，将学生的生活经验融入教学中，这样能够使学生的行为和观念趋向社会行为规范，并使道德意义满足思想政治的基本诉求。在当前大学生的教育中，重要的不是谁来讲，而是讲什么。教育者应该注重学生的经历，在教学过程中根据学生的兴趣开展教学活动，充分激发学生的学习热情，引导他们将生活中遇到的人、事、困惑与喜悦分享给其他同学，并结合所讲内容解决学生的问题和困惑。这样的思想政治教育能够深入到学生内心，满足他们的"口味"，同时也可以取得很好的教育效果，可谓是一举两得。此外，学生在多年的生活和学习经验中，已经在脑海中形成了自己独特的知识架构，这些已有的认知对学生学习新知识有着重要的影响，如果新学习的知识与已有的知识相似，那么学生的学习速度会加快，反之则会受到阻碍。因此，教育工作者在教学中应采取多种途径，多方面地了解学生的已有认知、需求和生活经验，将相应的生活元素引进教学内容，使学生大脑已有的认知同化新的知识，并在日常生活中运用所学的新知识。

（2）教学目标生活化

为学生制定个性化的教学目标。大学生来自全国各地，受教育水平和学习能力也有所不同。因此，教育者在制定教学目标时需要考虑多种因素，不能采用相同的教学目标，也不能制定与学生目前水平差距过大的教学目标，应该根据学生的具体情况来定。教育者在制定教学目标时既应考虑学生感兴趣的"小目标"，也要让他们有一定的追求和挑战性，制定有一定难度的"大目标"。"小目标"可以纳入学生生活，使学生在实践中能够理解、感受和实现；"大目标"可激励学生通过努力去实现，提升他们的自信心。针对学生群体，因为其思想发展不同步，在目标的制定上要加以区分，如学生党员和学生干部这两个群体，应该分别设定不同的目标。无论是面向哪一类学生群体，设定的目标都旨在有针对性地改善学生的思想，通过制定"精准"的目标来有效地进行教育。

2. 教学手段生活化

在思想政治教育中，常采用传统理论灌输式的教学模式，忽视了学生在学习过程中的主动性。教育者没有充分利用有趣、多样化的教学手段，导致教育效果有所欠缺。因此，教育工作者需要放弃经验主义的思维方式，更注重教学方法的现代性。

（1）运用情景教学和心理咨询

在当今时代，大学生思想多样化，传统的育人模式已无法引起学生的兴趣。因此，需要采用更富吸引力且针对性更强的育人模式来改善学生的思想。情景教学和心理咨询是高校创新思想政治教育教学模式的重要手段，并且产生了不错的效果。

第一，情景教学的运用。知识必须依靠特定的情景存在。教育者可以尝试运用情景再现的模式，借助多媒体或让学生表演的形式再现生活中与教学内容相关的场景。教育者也可以将学生生活中发生的具有教育意义的故事融入课堂教学中。但无论以何种模式呈现，教育的目的都是让学生通过接触并感知现实世界，以一种他们熟悉的"独特"方式来思考生活，从而提高育人效果。

第二，心理咨询的运用。现今大学生面临着包括学业、就业等方面的种种压力，这些压力不仅会在思想上对学生产生影响，还会造成一定的心理障碍。因此，帮助学生转变思维方式，不仅需要对其进行思想上的教育，也需要帮助他们解决心理问题，因为有时候看似是思想上的问题，实际上可能是心理上的问题。因此，需要"双管齐下"，通过心理咨询对学生进行心理干预，使他们理性看待自己，并解决他们在思想方面的问题，以促进他们的全面成长和发展。

（2）重视社会实践

重视社会实践对大学生的全面发展至关重要。学生的发展是全面的发展，仅在课堂上学习和教育无法满足新时代对大学生的要求与期盼，因此需要更多的社会实践机会来帮助学生发展。理论最终需要通过实践来得到印证，一些知识和理论需要学生亲身实践，以便更深刻地领悟，并指导自身的实践。因此，在教育中，教育者应多关注社会实践的育人功能。

第一，强调注重社会实践对培养学生的影响，打破传统课堂的"孤岛"式的教学。大学生全面发展的关键因素是实践教育，在人生的不同阶段，人们都需要不同类型的教育，因此教育是一种终身学习的过程，从这个角度来看，可以把社会看作是人们终身学习的"大学校"。同时，学生的思想教育不能局限于校园内，应扩展到校外领域，以避免让他们成为只在校园内讲道德的人。所以，需要改变教育模式，激发学生实践社会的意愿和能力，这一点非常关键。

第二，重视培养学生的社会实践能力，转变传统的以知识传授为主的教学模式。学生需要全方位、多角度的发展，学生的全面发展不仅需要掌握书本知识，还需要在生活中汲取知识、积累经验，这些经验和知识同样是学生全面发展所必须具备的一部分，通过实践获得的经验和知识更具实用性和可操作性。

3. 教学过程要以学生为本

（1）强调学生的主体性

第一，创新教学模式，将灌输式教学转变为启发式教学。在传统的教学模式中学生被视为接受知识的"器皿"。教师在教学活动中占据主导地位，学生只是接受知识的客体，师生之间并未建立平等的对话关系，教师被视为知识的传递者，这种教学模式已不符合当代教育的发展需求。相反，启发式教学则是一种更为符合时代要求的教学模式，这种教学模式强调教师应该引导学生学习，教师成为学习过程的"助产士"和"促进者"。启发式教学强调高校大学生和高校教师应该进行平等对话，共同探索知识和真理。在教学过程中，教育者应该发挥民主精神，改变以往高校大学生和高校教师之间被动的"主体—客体"关系，建立一种互动的"主体—主体"关系。教育者要成为学生学习的"引路人"，双方在学习过程中互相协调，共同实现预定目标。教师应该在交流中引导学生关注生活积极的一面，并将知识学习与生活相融合，从中寻找知识和生活的交集点，从而增强学生对生活的热爱并营造良好的学习氛围。因此，改变教学模式不仅表明高校大学生和高校教师双方主体地位平等，更是转变教育思想、提升教育质量的最佳选择。

第二，将情感元素加入教学中，培养学生将所学应用于实际生活的自觉性。在整个教育过程中，情感因素一直贯穿其中。在教学过程中，教育者以学生为重，与学生平等交流，可激发学生的学习热情。如果大学生和教师之间缺乏情感交流和互动，仅是单方面地听从，那么这种交往关系就显得比较"疏离"。如果除去情感因素，教育者的行为就是单纯的"教"，学生的行为也是纯粹的"学"。对于教育者而言，在教育过程中以情感为基础，对学生展开有"温度"的教育，可以直接影响到学生的内心，触动学生的心灵，从而实现预期的教学目标。因此，对于教育工作者来说，教师应该从学生的角度出发，去真实地感受学生的情感，用"爱"关心学生，用"情"来感化学生，拉近大学生和教师之间的心理距离，如果能做到这些，教育效果必将显著提高。情感因素的存在可以增添课堂的温暖氛围，增强学生在课堂上的注意力和学习热情，同时引导学生更多地关注生活、热爱生活，从而形成一种良性循环，使学生不再只是被动接受教育，从"让我做"转变为"我想做"。

（2）善于引导，因材施教

第一，重视教育者在教学中对学生的引导作用。教育者应被视为学生成长路上的"领路人"，应具有"工匠精神"，专注于教育教学方面的研究，并重视自己在引导学生学习和思想上所起到的作用，努力引领学生走向正确的方向。教育者需指引学生转换对待生活教育的态度和理念，提倡生活化的教育，这不仅需要教师改变教育理念和教学方法，更重要的是促进学生在思想观念上的转变。如果在教师的引导下，学生能够成为一个有心人，在日常生活中关注生活对自我教育的影响，这说明教育效果是"事半功倍"的。因此，在教学过程中，教育者应该有目的地指导学生关注生活，并将生活的教育效果引进教学过程，及时改变学生思想上对生活育人的偏见，增强学生对生活教育的认可度，并引导他们积极践行生活教育。因此，教育者的针对性引导成为取得最佳教育效果的重要手段。

第二，以满足学生需求为目标开展教学活动。教育者需重视与学生之间的互动关系，深刻了解学生所面临的困境和心理障碍，以学生的需求为教学指导思路，根据学生的"点"量身打造具有针对性的教学计划。除关注学生的现实需要外，也须考虑当下需求与未来长远发展之间的有机关联。教育者可以结合自己的教学经验和学生的需求水平，以满足当前需求为基础，引领学生追求更高层次的目标，树立远大理想，鼓励他们进行自我教育。高校可以采用各种措施来满足学生合理的需求，如满足他们精神层面和物质层面的需求。

4. 学校管理生活化

学校的考核标准和考评手段对大学生和教师有着重要的导向作用，对其学习和工作的着力点产生直接影响。因此，为了给高校大学生和教师提供有针对性的工作和学习方向，学校必须根据实际需求，完善针对大学生和教师的考核评价机制。此外，校园环境伴随着学生的成长，对学生的隐性教育产生影响，所以学校应该认识到校园环境在育人方面的重要作用，并充分发挥其隐性育人功能。

（1）改进考评机制

学生是独立的个体，因此评价机制对其学习的自觉性具有重要影响。高校应该摒弃传统单一的"分数决定论"的考评方式，倡导考评方式和标准的多样化。针对这一点，教育者应该调整和完善教师考核方案，建立多层次、多样化的考评体系，以达到适当平衡。

第一，高校可以采用多样化的考评标准来优化对学生的考评。学生的道德品质单纯靠考试成绩是无法衡量的，因此对学生的评价应追求多样化，以便能够对学生做一个全面、整体的了解，同时也可以减少学生因过于看重分数造成的焦虑。首先，需要改进对学生的考评方式。目前，学校主要以考试为基准来评价学生，在难以完全取代考试的情况下，可以转换思想，思考如何更新考试理念和内容。

可以根据学生的实际生活情境来设置适当的考试题目，如引入生活案例等，以实现考试和育人两全其美的目标。其次，强调对学生的过程性考核，并注重使用动态考评手段。鼓励学生积极参与志愿者活动等社会公益活动，从中观察他们的思想和行为变化情况，以此衡量他们的实践和合作能力等。最后，需要实现对学生评价主体的多元化。例如，学生之间可以互评，他们相处时间长，更了解彼此；还可以在教育者的指导下进行自我评价，虽然这种形式可能存在"虚假"的情况，但实际上，学生在经过深入反思后，其思想定会受到影响。综上所述，以上的评价方式最终都要形成考评合力，并建立考评结果反馈机制，总结经验并制定更有效的考评方案，以更好地发挥考核标准的引导作用。

第二，对教师的考核评价进行适当的调整，从多个方面优化教师考核评价标准。教师是教育发展的重要组成部分，考核标准引导着教师的教学行为和工作形式，决定着教师的主要精力应集中在哪几个方面，因此，高校应根据教学实际情况，制定符合个性化的教师考核要求。首先，在教师培训中，需要以生活教育理念为重要内容和主要方向，引导教师在教学方式和教学内容上进行钻研，同时需要关注各高校对教师的教育理念、教学方式以及教学内容的考评。其次，需要优化评估教师的标准，从而使学生对教师的评价更加完整、准确。学生在评价教师时，可以根据教师是否将教学内容与现实生活联系起来、是否指导学生关注社会热点事件和话题、是否关注学生思想状态、是否使用贴近学生实际的教育素材等方面进行反馈。最后，完善教师听课的规范。在评价教师讲授新课时，最为重要的参考标准是教师是否关注生活，是否能够将所授知识与生活紧密联系起来，以及是否将"以生为本"作为教学理念。简而言之，应该改善教师考核评价体系，以便针对特定的问题作出具体的分析，从而提升整体教学质量。

（2）重视学校环境的育人作用

校园文化虽然是看不见摸不着的，但它对学生思想的影响却非常深远。学校可以通过庆祝具有重要纪念意义的节日，如建党节、国庆节等，举办各种活动来燃起学生的爱国热情和报国志向。另外，学校还可以通过举办盛大会议开闭幕式、举行升旗仪式等庄重的活动，为学生进行思想政治教育。同时，学校可以安排学生观看一些具有代表性的重要会议，如党的二十大等，对学生的思想产生显而易见的影响。通过关注校园文化环境的多个方面，可以塑造一个积极向上、拼搏进取的校园文化环境，这对于改进和提高学生的思想水平有着重要的作用。

（五）"融入式"教育模式

"融入式"思想政治教育工作奉行以人为本的理念，注重教育的潜移默化作用，积极拓展第二课堂，实行因材施教原则，推崇实践教学，提高总体素质。这种模式将人文关怀、各种信息媒体和思维水平训练相融合，将显性教育和隐性教育相结合，将同向联系和反向联系相结合，将文化资源和教育资源整合在一起，旨在增强高等学校的思想政治教育实效，进一步革新高等学府的思想政治课程教育体系。

1. 融入手段

"融入式"思想政治理论课教学是一种在原有教学形式基础上，利用人文精神、信息技术和创新精神的相互融合，结合现实情境，构建一种喜闻乐见的思想政治教学模式。

（1）在思想政治教育中融入人文情怀

高等学校学生的人文精神决定了他们的情绪、生活态度和价值观，这在多个方面影响着他们的成长和未来。因此，思想政治教育工作者需要拥有科学精神，更需要在审美能力、政治思想素养方面具备优秀素质，这样才能确保学生的政治思想素养得到提升，从而推动国家的发展。人需要培养内在的品德，将人文情怀融入思想政治工作可以弥补这种教育上的缺失，因此需要重视人文情怀的融入，并积极寻找思想政治教育的有效方法，探索新的模式。此外，需要强调专业知识的发展和重视人才培养，应该基于学科和专业的发展，加强教风、考风、学风的规整，推行诚信考试，同时开展无人监考。通过践行人文关怀，促进思想政治教育的育人效果。

（2）在思想政治教育中融入网络媒体

利用网络媒体进行思想政治教育是实现网络强国的重要策略之一，因此有必要将思想政治教育融入网络媒体中。为了提高思想政治教学的效率，需要将新媒介与传统媒介融合使用。当前，"微文化"发展迅速，让普通高等院校的学生有了更多的选择，如果继续沿用以往的教学形式，难以产生实质性的教学效果。教师应当了解熟悉现代学生的思维和行为方式，并在他们目前的生活中寻找有效的解决方案。为了紧跟大学生信息化接收途径的新趋势，需积极参与创造融合网络电视和广播功能的校内网络宣传媒体，以丰富多样的网络传输方式和科学的传媒技术适应时代的变化，并加强思想政治教育，同时建立新颖、时尚的视听媒介和播放平台，以提高大学生的媒体体验。此外，增强大学生的主人翁意识，并激发他们参与学校思想政治宣传教育工作的兴趣。在当前网络对思想政治教育产生影响和挑战的情况下，各普通高等院校采用教育和服务相结合的方式，鼓励学生积极参与，并借助微博、QQ 等多种平台，开展形式多样、趣味性强的思想政治教育。

2. 经验总结

通过高等学校思想政治教师的指导，这种"融入式"思想政治教学目的是为了在课堂教育、实践教育和信息教育之间建立紧密联系，体现思想政治教学的政治性、情感性和灵活性，有效提高高等院校学生的政治素养，以推动他们健康成长。

（1）坚持以人为本

作为社会主流思想意识形态的"领航员"和先进思想的"引领者"，高校一直在负责更新和拓展思想政治工作的形式。其中"融入式"思想政治课程教育体制创新需要符合人全面发展的要求，这意味着它必须从高等院校的实际情况出发，实行全员、全程、全方位的运作机制，同时要面向全体学生、基于专业、深化实践和贯彻始终。从大学生的实际需求出发，还需要注重培养学生的人文情怀和认知能力，始终坚持以人为本的理念来实现育人目标。从人全面发展的角度出发，注重对人无形影响的原则，着重关注每个人的利益，并对每个人给予一定的尊重，通过一系列实例和逻辑论证，激发学生的潜能和创造力，满足其个性发展，实现个人与社会进步的互促共赢。此外，将我国传统美德、心理健康知识等引进教育实践中，可以提高思想政治工作的成效，产生"润物细无声"的效果。

（2）坚持因材施教

普通高等院校学生的思想政治教育工作要想取得实际的效果，需要思想政治课程的教师转变观念，依据不同的学生采取不同的教育模式，提升整体的素质水平。普通高等院校思想政治教育的对象是在校大学生，"融入式"思想政治教育的创新需要面向全体大学生，运用不同的思想政治教育方法，因时、因地、因人而异，正视矛盾的特殊性。

要根据工作任务的不同阶段展开培养计划。学生思想的多样化，促使思想政治教育需要采取不同的教育手段来适应不同阶段的学生。根据学生入学时间的差异，学校可以制订不同阶段的教育目标和计划，在每个学期的开始，学生的发展计划便已制订完成。在教授课程和教育体制方面，要考虑分阶段教育的教学形式，同时思想政治理论课程的最新内容符合时代发展的要求，不断丰富学生的基本理论知识，以提高他们的学业水平和学习能力。此外，还需要关注学生的心理卫生问题，并且给予足够的心理疏导。应该采取恰当的方式处理学生在校期间遇到的各种心理问题，并更加注重对他们实际工作能力的培养，帮助他们将所学转化为实际能力，以提高学生的整体素质水平。在毕业前夕，应该帮助毕业生开展就业培训，规划他们的职业发展目标与方向，引导毕业生树立正确的就业观念，同时了解社会对不同类型人才的需求，以便开拓出一个全面培养人才的新局面。

学校需要关注来自困难家庭的学生，并给予适当的关怀和帮助，为他们提供心理疏导，帮助他们树立正确的人生观、价值观和世界观。

3. 特征

"融入式"思想政治教育的实践教学展现了显性和隐性结合、正向和反向联系，是高等学校思想政治课程教学模式的一次革新。

（1）隐性教育与显性教育的结合

普通高等院校经历变革以来，学校的整体面貌、环境以及人文情怀形成了一个完整的景观，为学生的思想政治素养提升提供了重要支撑。教育者认为，这些自然条件不仅体现在物质层面上，也是学校育人课程的一个重要方面。他们在实践教育中使外界条件与学校的精神文化氛围相协调，以此强化思想政治教育工作的针对性和实效性。此外，"融入式"思想政治教育也特别注重与文化和思想政治紧密相关的隐性教育内容。如果说普通高等院校所处的自然环境是经过精心谋划的，是作为隐性思想政治教育的一部分，那么学校的规章制度则属于显性教育。"融入式"思想政治教育工作的隐性教育主要是打造一个具有人文气氛的校园环境，以人文和精神层面为核心内容，从而充分展示高等院校的个性和本质，即真正的校魂。因此，在开发"融入式"思想政治课程时，需立足于以人为本的文化和精神构建，并将其与明确的思想政治工作有机结合，借助普通高等院校的各种活动，成功地实现对学生的有效培养教育。

（2）正向衔接与逆向衔接的结合

正向衔接是指时间的同一性，根据从过去到现在、从现在到未来的时间顺序，实现高等学校思想政治教育的革新目标。假如没有对过去的了解，就没有对现在的理解，更不用提对未来的思考。因此，"融入式"思想政治教育非常注重实践教育，对于一些基本概念和理念，须向学生解释历史背景以及当前研究领域的成就。只有通过对过去思想政治教育的了解，才能制定出新的思想政治教育方案。然而，逆向衔接也能够达到出人意料的教学效果，是从现代思想政治教育的各种现象和问题出发，追溯历史，深入研究当代思想政治教育工作的思想渊源和历史文化背景，进而实现现代政治思想与历史政治思想的高度融合。"融入式"教育模式能够实现正向衔接和逆向衔接相统一，让学生深刻领悟思想道德文化内容，这是对高校思政教育体系创新的一种宝贵尝试。

（3）文化资源与教育资源的结合

文化资源有着较高的教育价值，因此可以将其以生动活泼、引起学生兴趣的形式融入教学实践中。在整合文化资源的同时，需结合思想政治教育的特点和原则，依据时代变迁对文化资源赋予时代内涵，以便对文化资源与教育资源进行深度融合。这种融合是一种自然的转变过程。在教学过程中，应充分尊重学生在文化继承方面的主动性和自觉性，引导他们在学习文化的过程中与教育相结合，追求"知行合一"，在文化学习中不断提升自己的能力和素质。

二、思想政治教育的教学体系创新探索

（一）思想政治教育的教学体系创新原则

1. 坚持依据教师队伍实际情况进行教学体系创新

从宏观视角来考察教师队伍，尤其是思想政治理论课教师的相关情况，主要是关注教师的数量、学历、培养体系以及培训机制等方面。如果这些方面的矛盾能得到妥善处理，那么创新基础和前景相对来说就是比较乐观的；如果难以解决这些方面的矛盾，那么创新基础和前景需发挥创造性，以此来有效地解决矛盾。

从中观视角考察教师队伍，可以通过观察一个学校的思想政治课教师的情况，除了考虑教师的数量和结构外，还需要考虑该学校的培养体系、梯队建设以及培

养机制等方面的问题。最为重要的是需要关注学校内思想政治课教师的成长和发展情况，创造出一个能够坚守岗位、敢于担当、乐于奉献的环境氛围，促进思想政治课教师队伍的稳步发展。

从微观视角来观察教师队伍，需要考虑每个人的教育背景、长处与短板、个人发展特点和实际情况。需要为教师提供区别化培训。同时，还应该根据每个教师的实际情况和所承担的任务来科学规划培训内容，充分发挥他们的优势，推动教育教学的创新。只有将某一类教学或科研难题分配给适合创新的团队或个人，才能充分开发和创造人才队伍的资源。

2. 坚持依据教材和学情进行教学体系创新

为了确保创新的方向和步骤，应根据教材和学生情况进行创新。摆脱教材的创新，可能会使思想政治理论课变成没有内涵的"鸡汤课"，也很可能偏离思想政治教育理论课的本质。举例来说，对于"中国近现代史纲要"的授课，若创新脱离教材的支撑，可能会偏离预设的教材内容，以历史课的形式去讲述课程内容，忽略了本课程是一门政治课，旨在让学生理解和掌握"四个选择"等中国近现代历史上关乎国家命运的重要的政治议题。因此，为了有效传授知识，必须要立足于教材，创新教学方法与手段。教学创新必须考虑到学情，只有这样才能确保教学改革的顺利进行。忽视学情的创新，可能使教学达不到预期的效果，造成资源的浪费。例如，针对不同学科的学生，需要采用不同的教学模式和方法，从资源分配、授课方式到任务安排都应该考虑到学情实际。否则，所谓的创新就会离最初的目标越来越远。为此，可以根据高校学生的个性特点，建立一套立体化的教材系统。思想政治课程教材是高校学生学习的不可或缺的重要参考资料。所以，需要积极建设系统化、科学化的教材体系，以更好地满足当前的需求。关于教材体系的构建可以从以下两个方面入手。

（1）建造立体化教材体系

为了提高高校思想政治课的实效性，国家宣传部和教育部应该建立完善教材使用情况的监测制度，记录高校师生使用课程教材后的反馈意见和建议。同时，应及时邀请专家、研究人员和经验丰富的教师参与其中，根据教学大纲和学生反馈的意见和建议，细致完善课程教材体系，增添必备教材、与思想政治教育相关的辅助教材、实践教学教材和电子资料等，以构建一个全方位、数字化的课程教材体系。

（2）根据高校学生的特点，科学地编撰、修订教材内容

第一，为了让教材更贴合高校学生的特点，需要考虑当前社会的潮流和热点，对教材进行科学化的编写和修订。随着国内外各方面变化以及我国处于社会主义初级阶段和转型期等客观条件，教材需要坚持马克思主义意识形态的主导地位和社会主义性质，对过时内容作适当的删减，以适应不断发展的时代。

第二，在编写和修订教材的过程中，不能回避社会现实中存在的问题，要在教材中呈现这些问题，并运用专业知识对这些问题进行细致分析，从而有效解决高校学生的疑虑，提高教材的可信度和说服力。

第三，在编写和修改教材时，必须考虑到高校学生所关注的社会热点、现实问题和个人利益，将理论与高校学生的实际情况紧密结合，以激发他们的学习热情。通过这种方式，高校学生能够深刻感受到教材内容的真实性和时代性，从而增强教材的亲近感，使其更具有说服力，有利于激发他们对课程的学习热情，进而提高他们对课程的认可度。

3. 坚持依据教学反馈进行教学体系创新

以教学反馈为基础进行创新是一个不断互动、调整的过程，旨在推动教学不断向前发展。如果教师在教学中缺乏即时反馈的意识和能力，就会使学生失去学习热情与动力，影响教学效果。因此，教学反馈需要保证具有及时性和长效性，即须在较短时间内得到及时反馈，并在较长时间内持续跟进。此外，需要保证反馈的科学性和合理性，反对不考虑实际学科特点的"一刀切"评价反馈。在教学反馈时，人们需要注意全面性和综合性，避免教学反馈中一些个人、片面的评价，强调学生的主体性，综合学生、专家以及其他教师的意见，这样可以确保反馈具有实事求是的客观性和准确性，避免给教师带来不必要的麻烦和误导。

（二）思想政治教育的教学体系创新方法

1. 教学环境的构建

思想政治课教师务必建立公平正义的教学场域，以公平正义凝聚学生和号召学生。另外，构建科学、高效的教学场域能够确保学生学有所得，确保教师教有

所获，师生双方同时实现价值。科学高效的场域构建务必做好以下几个方面的工作：首先，教材体系到教学体系的成功转化，这种转化的成功能够避免照本宣科，避免全堂灌输，避免单一枯燥的讲授，能够将教学重难点、教学目标与学生相结合，与国情相结合，从而使学生身临其境，感同身受，自觉产生与祖国人民同呼吸、共命运的情绪，自觉将人生价值的实现与国家的富强、人民的幸福有机结合在一起。其次，尊重学生成长规律和教育教学基本规律，辅之以特殊事情特殊处理，应用科学合理的方法路径，为实现思想政治教育的目的努力。最后，把握思想政治教育的特征，学会灵活应用思想政治教育方法，完成思想政治教育的主要任务。依据学科特点，坚持诸多方法的灵活应用，是建构科学高效教学场域的基本要求。

2. 教学效果的考核反馈

科学合理的考核反馈，既是做好创新优化的前提条件，也是创新优化的题中应有之义。教学是师生双方集知识性、传承性、创造性等于一体的实践互动，因此对教师教学活动的评价，必须确立以学生为核心，在考核权重方面予以倾斜。在专家考核反馈中，应细分评价指标，对教学过程性指标权重予以细化和重视，强制要求教师对整个教学过程进行留痕操作。

在考核指标和权重问题上，应从课堂出发，以学生为主，围绕课堂教学进行考核。

3. 学生考核体系的完善

对于学生的评价，需要注重培养学生的思想政治素养和实践、创新能力，并且在考核中要同时考虑平时考核和期末考试，更加重视平时考核的作用。还需注重对理论学习与实践能力的考察，且实践能力应占据权重更大。在期末考试的试卷中，可以包含一小部分自主出题和作答的内容，这样可以让学生有更多发挥空间，充分展示个人的思考和学习成果。

4. 评价体系的创新

评价体系作为一个整体意义上的反馈过程，不同于课堂教学反馈和评价。如果课堂教学反馈和评价属于微观评价，那么评价体系意义上的评价则是宏观评价。这种宏观评价关系到思想政治课教师的获得感和成就感，做好评价体系的集成创新工作，事关思想政治教育集成创新的"最后一公里"，其重要性不言而喻。

第二节　教学方法与教师能力的创新探索

一、思想政治教育的教学方法创新

（一）借助现代多元的媒介工具

时代在发展与进步，为了提升思想政治教育工作的趣味性和有效性，教学手段也应该与时俱进地借助更为现代化的媒介工具来开展。

（1）借助微信或其他聊天工具

在符合保密要求的前提下，使用微信可以让使用者在不拘泥于形式的情况下，实现良好的教学效果，如让思想政治教育者与高等院校学生在轻松、愉悦的状态下实现点对点谈心、点对面教育。这种方式不仅受众完整，还降低了缺课现象的发生。

（2）"走出去、引进来"

"走出去"不应该只是局限于去接受教育，而是应该换一种新的理念——去交换。将本校好的教育理念传授出去，同时吸纳别人好的理念和做法。例如，学校可以多组织一些户外参观或团建活动，在交换教育的过程中，还能够增强学生们的凝聚力和向心力。"引进来"则是指将优良的教育资源引进学校。例如，邀请专业人员进行授课，开展红色爱国教育活动。

（二）以学生为主导

当前，思想政治教育工作由"订餐式"向"点餐式"过渡，但这个过程仍需要一个适应的时间。针对不同的受众设计不同的方案，虽以受众为主导，但其教育理念应以考虑教育内容覆盖全面作为一个前提来开展。教育内容在覆盖性上要保证完整，这既是高等院校固有属性的要求，也是国家相关文件对思想政治工作的基本规定。根据受众设计方案，主导者应遵循可控的工作理念，如在教学过程中会出现一些考试时涉及较少的教育内容，但对于教育者来说，不能完全按照学生的意愿忽略这部分内容，相反思想政治教育者要更加强调其重要性，如涉及安全稳定的管理教育，涉及学生人生观、价值观、世界观养成的主题教育。

（三）采用交互性的方式

交互性指的是在思想政治教育工作开展过程中，教育者应加入学生相互交流的内容，发挥学生在思想政治教育工作中的主体能动作用，以焦点辩论、难点辨析、现身说法、新闻评点等形式，改变以往千篇一律、以读为主的教育模式。

在高等院校，学生思想活跃、善于表达，为此思想政治教育者要积极搭建交流互动的平台，变单向灌输为双向互动。在调研的过程中，作者分析交流互动式的教育成果，有四个互动式的交流方式值得推荐。第一，"一人一课"的授课方式。让学生成为授课者，学生们轮流在教室内讲授课程，内容不限，这种授课方式的互动交流形式比较单一，但内容丰富，并且每名授课者都可以提前准备好自己所擅长的领域来进行讲授，提升了内容对学生的吸引度。第二，"知识竞赛"的授课方式。通过"一站到底"的竞赛模式，将思想政治学习内容编成多个知识点，组织学生答题，一一对抗，最终决出胜负。这种方式形式新颖，容易引起学生的兴趣，但对参与者要求较高，需要提前准备题库，并对知识点进行记忆，否则很可能无法形成互动。第三，"辩论赛"的授课方式。辩论赛生动有趣，但和"知识竞赛"一样，对参与者的要求较高，需要做的准备工作很多，并且选手很容易受到各种因素的影响，如辩题的选择、临场发挥等，同时主持人的临场反应以及对场上形势的引导也关乎"辩论赛"的成败，组织不好便容易冷场。第四，"体会交流"的形式。这种方式较为常见，操作性强，和思想政治教育贴合度最高，常采用座谈式交流和发言式交流，对于学生而言，座谈式更实用、互动性更强。在做好交互性的同时，思想政治教育工作的闭环性也十分重要，通常在一个活动开始前，思想政治教育者要对活动可能产生的效果和风险进行评估，在活动结束后，要对活动最终产生的结果进行反馈与复盘，以便下次改进。

（四）提升评价体系的科学统一性

个人评价体系中要体现出思想政治教育的痕迹，并通过强制性体现思想政治教育工作的重要性。确立评价标准是建立评价体系的基础，核心是评价因子的选择和权重的划分。

第一，在期末时，通过考核分数评定被考核者，考核内容为全学期思想政治教育的重点内容，考核题目应主观与客观结合，主观题应紧贴实际，客观题也不应太难，考核分数可以按照权重转换为年度评价的分数。

第二，通过成立评价小组，进行面对面提问，给出评价分数再换算为年终分数。这种方式较为公正客观，但在选择评价小组成员的时候要客观，并且此种评价方式不适合在人数过多的班级中进行，应该在更小的范围内组织实施。

（五）实现多方联动

第一，向社会延伸。高等院校需要积极尝试利用丰富的社会教育资源开展学习活动，把目光投向广阔的社会大舞台，这是一种新的尝试。现如今，各领域日益融合，整合社会资源进行思想政治教育已成为一种创新性的思想教育手段。例如，组织学生参观地方纪念场馆、驻地城市展览和国防教育基地等，通过实践，使学生深切体会到教育的内涵和要义；与红色教育基地合作，充分借助红色教育基地的丰富资源，帮助学生深刻领悟科学理论的真谛和实际应用的价值；与当地一些对应的企业展开合作，借鉴他们先进的党建文化，以促进本单位党建工作水平的进一步提升；在"七一""八一"等特殊的时间节点，与当地社区进行合作，共同开展建设活动。

第二，向家庭延伸。家庭、亲友是影响学生思想的较大因素，因此为了做好学生们的思想政治教育工作，需要长期坚持与学生原生家庭的沟通联络。邀请学生家长参加评功评奖等重要活动，见证学生的成长，使学生对学校产生认同感、归属感，更能感受到思想政治教育工作的感染力。

第三，向教师延伸。高等院校的专家教授具备高水平的理论知识，应充分利用他们的专长，帮助基层解决实际问题中的理论难题。现如今，网络教学模式已得到广泛应用，在线教育模式发展越来越成熟，依托互联网和多种应用程序，高等院校教师可利用在线教学方式开展思想政治教育，使教育更加便利和高效。很多线上的教育资源都来源于高等院校的整理，内容涵盖了丰富的思想政治教育课程，其中最受学生喜爱的当属心理健康教育和法规法纪教育。

第四，向领导层延伸。通过"挂钩帮带"的机制，确保领导层和思想政治教育"点对点"的紧密联系，各级领导应结合自身所学、所感、所悟，走到学生们的中间去，与学生"面对面"，解答学生们提出的问题，借此提升教育效果。

二、思想政治教育教师的能力创新

全面提高高等院校思想政治教育教师的综合能力素质，大力优化施教队伍，加强高等院校思想政治教育教师的品德、本领、内涵、修养是高等院校基层思想政治教育工作创新的关键。

（一）在学真理上下功夫

高等院校思想政治教育教师应当勇于开拓、勇于创新理论。若想让他人相信自己，自己必须先真正相信。作为教师，需要把思想政治理论作为自己的政治追求，认真阅读、思考、领悟马克思经典著作，全面深入学习中国特色社会主义发展史，透彻领悟习近平重要讲话精神。加强个人的政治认同、历史认同和情感认同，可以通过深入研究相关理论渊源、历史哲学和实践价值等方面来实现。

（二）在勇于担当上树榜样

目前，大多数高等院校思想政治教师拥有全日制本科以上学历，但从其生活轨迹上来看，他们的成长历程具有单一化的特点，他们通常在毕业后就直接进入教师岗位，对思想政治工作的实践经验和对话技能缺乏足够的了解。他们虽然在院校系统培训中学到了许多文化和专业知识，并掌握得很扎实，但由于缺乏广泛的阅历和实践经验，他们解决问题的能力较弱，尤其是在面对复杂的问题时无从下手。

第一，耐住寂寞，不断追求进取。高等院校思想政治教师需要拥有忍受孤独的能力，照本宣科、按部就班地讲授课程并不难，但要将课程讲得深入深刻、透彻精辟，则需要付出更大的努力。

第二，勇于探究，刻苦钻研。每一位高等院校思想政治教师都应该具备探求就里的精神品质。高等院校思想政治教师要着眼于反思问题、研机析理，通过开展座谈会、调查问卷等方式方法，充分了解学生的所思所想。

第三，攻坚克难，勇于担当。只有勇于应对困难和复杂的问题，才能展现高校思政教师的魄力和创新精神。在面对学生性格多样化、思想复杂隐秘、所需所求各异的情况下，要具备勇于面对、勇于创新的气魄，以"敢啃硬骨头"的胆识闯劲，挑战思想政治工作的重难点问题，大胆尝试新思路，以决心攻克难题的毅力，深入研究并集中力量攻关。

（三）在站排头上立标杆

目前，一些高等院校思想政治教师缺乏平静从容的心态，缺乏勇于冲锋的决心，也缺乏踏实认真的执行力。作为高等学校思想政治教师，必须积极地履行自己的责任，勇站排头，从实处出发，踏实肯干，这是无声的感召。高等院校中从事思想政治工作的教师，在一个班级连续工作的时间非常有限。许多学生认为高等院校思想政治教师是最了解政策的，也是最容易与学生打成一片的教师，他们与学生之间的距离较小，因此能够更有效地影响学生。

高等院校思想政治教师应当保持"站排头"的职业素养，始终处于引领先进思想、塑造校园文化的前沿。这是一项长期艰苦的工作，需要坚定的毅力和不懈的努力，需要勇于突破自我、不断进取，始终保持"持之以恒、锲而不舍"的精神。

（四）在晓冷暖上做表率

对于学生而言，高等院校思想政治教师只有真心以待，才能让学生切实感受到温暖。

第一，接地气，做学生的知心人。对于高等院校思想政治教师而言，聆听是了解学生的最佳途径。要想让学生真正打开心扉，坦诚表达内心，需要思想政治教师做好长期努力的准备，并不断探索最行之有效的方法。高等院校的学生具有不同的性格特点、学习水平、家庭背景、专业背景，每一名学生都有着其自身的独特性。作为思想政治教师，必须要对每一位学生给予一对一的关心和关注。

第二，重道理，做学生的保护者。金无足赤，人无完人，每个人难免都有犯错的时候。高等院校的学生的成长历程比较单一，缺乏社会经验，所以他们在面对矛盾、问题或困难时，很难提出一个好的解决方案，甚至可能在他人的误导下作出错误的决定。在这种情况下，高校思想政治教师应该积极站出来，引导学生进行利弊分析，并提供适宜的应对策略。

第三，明确规划，做学生的领路人。在成长过程中，学生们难免会遇到迷茫的时候。对于即将踏入工作岗位的年轻人来说，他们面临着人生中最关键的抉择。在这种情况下，高等院校思想政治教师需要努力增强自己的"师长意识"，为学生制定职业发展的详细路线图，协助他们克服职业生涯中的重要问题，走好最为关键的几步路。例如，高等院校的思想政治教师以学生的专业知识和兴趣爱好为依据，为他们在职业抉择时提供指导，以帮助他们作出明智的选择，在职场上找到适合自己的位置。

思想政治工作中最重要的一点是高等院校思想政治教师的立场问题，这是增强思想政治工作感召力的前提条件和核心要素。必须确保高等院校思想政治教师根本立场端正不动摇，强化教育的感召力，这是一项需要严格落实的长期性、根本性的工作内容。

第三节　传统文化与教育教学的融合探索

一、中华优秀传统文化与思想政治教育的融合

（一）孝道文化融入大学生思想政治教育

1.加强社会弘扬孝道文化的规范引领

大众传媒能够超越时间与空间的界限，收集到大量的信息资源，起到快速传播信息的作用，对大众传媒进行充分利用，能够推进社会的发展。

在当代大学生的孝道教育中，大众传媒扮演着极其重要的角色，具有一定的引导性，因此它需要在公众场合树立尊重老人、关爱老人的良好形象，以此来对大学生的价值观产生影响。大众传媒能够利用多种媒介，如电视、报纸和互联网等，行之有效地传播孝道文化，从而使大学生在潜移默化中接受孝道文化，自发地培养孝道意识，提高其思想道德素质。首先，大众传媒应该积极推广孝道文化，通过正面宣传和展示优秀人物的感人事迹，让现代大学生更加深入地了解孝道文化。其次，应当谴责并纠正违背孝道的行为，促进孝道文化的普及和强化人们的孝道意识。

社会环境对树立正确的孝道观念有很大的影响力，因此大众传媒应该担负起引领社会意识积极向上的责任。大众传媒需要支持促进孝道文化的传承和发展，并促进社会和谐。现如今，大众传播媒体理应肩负起时代的重任，正确引导大学生，帮助他们正确认识孝道，并在孝道教育方面发挥出积极的作用。大众传媒为当代大学生培养孝道意识提供了有利的帮助，通过大众传媒的宣传，大学生们能

够更深入地了解孝道文化，并认识到孝道的重要性，从而加深他们对尽孝义务和责任的认知，也增强他们的社会责任感和担当意识。在传播孝道文化的过程中，大众传媒与相关机构部门需要协力配合，采取行动来整治周围的娱乐场所，以及遏制社会和学校周边不良的文化和行为，为大学生接受孝道教育营造出一个健康、积极向上的环境。

2. 抓好学校孝道文化教育的主阵地

在大学生思想政治教育中加入孝道相关的文化元素，必须以将优秀传统文化教育纳入教学计划为基础，这是因为大学生的思想政治教育目标与传统的孝道文化具有合目的性。将孝道文化与思想政治教育相融合，不仅可以扩充后者的内涵，还有助于传承和弘扬孝道文化，提高大学生的文化意识和认知水平，进而促进中华传统文化的传承与创新发展。当代大学生是国家未来发展的主要推动力量，所以提高他们的道德素养有着至关重要的意义。当前，高校大学生在孝道价值观上的认知并不稳定，为此学校有必要营造出良好的孝道文化氛围。招纳在研究传统文化方面有一定经验的教师，以便加深大学生对孝道观念重要性的认知，并树立起正确的孝道观。学校可以通过开展讲座使学生对孝道观念有进一步的了解与认知。此外，通过设置社会实践环节，如组织大学生去敬老院或者相关社区，与老人进行交流互动，使大学生更深刻地体验孝道道德教育。将孝道文化与校园生活相结合，有助于大学生形成正确的孝道观念，并将这种观念贯彻到日常生活的行动当中去。通过这个过程，使大学生养成良好的孝道行为习惯。

（二）儒家文化融入高校思想政治教育

儒家思想有着庞大的内容体系，主要包含三个层次的精神内涵，分别是"道"的本体、"仁"的人文精神以及"礼"的规范。"道"的本体探寻涉及人的本质问题，"仁"的人文精神探寻则强调了人们应该如何做人，"礼"的规范探寻则是为了探究人们如何应对社会中的各种情境。通过探究文化底蕴，可以发现儒家思想与高等学校思想政治教育一脉相承。在高校的德育教育教学工作中，儒家思想用无限的生命力为其提供了指引方向，并铺垫道路，奠定基础。儒家思想在汇总历代儒者智慧成果的基础上，融汇了鲜明的民族文化和先进的教育理念，具有其自身特点。

第一，儒家思想的出发点是对自然规律的理解，以及人与自然关系的不同价值取向。将这一理论框架应用于思想政治教育以及价值观的塑造中去，能够在一定程度上与中国社会主义思想产生共鸣。

第二，儒家思想的实践原则是知行合一。儒家思想通过陶冶情操和道德实践，来培养个人的社会角色与自我发展，与德育中强调的知行合一原则完美契合。

第三，儒家思想追求立足长远，追求学术的实际功能，充分体现出做人做事脚踏实地的精神。

1. 文化熏陶

第一，对儒家文化进行推广宣传，打牢文化渗透的基础。例如，使用校园广播、宣传海报等方式宣传儒家文化思想，有利于学生受到潜移默化的影响，也更有助于思想上的渗透与融合。

第二，在网络的环境下，通过学校官网、微博、微信公众号等平台进行文化宣传来促进文化传播。学校可以充分利用学生对网络的关注度比较高这一特点，通过在学校官方微信、微博等常用平台上发布信息，以达到良好的宣传效果。

第三，可以举办一系列有关儒家文化的活动，加强学生对儒家文化的学习。

2. 儒家文化系列课程的讲解

辅导员在开展儒家文化教育课程的时候，可以尝试改革创新，转变方式方法，把枯燥无味的思想政治教育宣讲转变为生动有趣的经典儒家文化案例，让学生切实感受到古代大儒的行为典范。过去，辅导员的思想教育通常侧重于政治教育和在校生活中的注意事项，这使得学生难以与教师产生共鸣。通过将儒家思想与现代教育相结合，不仅有利于培养学生高尚的文化情操，树立良好的价值观，也可以通过加强传统文化的宣传，摆脱当下单一的教育模式。

3. 推进儒家文化应用于实践

高校思想政治教育要融入儒家文化，需要采取多方面的措施，仅依靠辅导员对学生的理论知识教育是不够的。除了理论教育，还需要进行一系列实践活动来巩固理论知识，如儒家讲坛、朗读经典和思想汇报等形式，只有这样，才能真正实现对高校学生的儒家思想教育。活动的实施不仅能够让辅导员更深刻地体验儒家文化，也让学生们真正掌握并应用这种文化。单纯用理论来传承儒家文化是不够的，必须借助实践来深入理解其中的经典，然后有效地传承下去。

二、优秀传统文化与高校思想政治教学的融合策略

（一）推动高校"三大课堂"建设

1. 强化"第一课堂"

以新媒体为媒介，打造传统文化特色课程。课堂是大学生接受知识、教育的主要渠道，也是开发和利用传统文化资源，进行思想政治教育的重要场所，将合理的传统文化元素融入高校课程体系是非常必要的。为了加强课程育人体系的构建，高校必须开设优秀传统文化必修课程，以充分发挥其育人功能。课程是高校开展思想政治教育工作的主要渠道，教材是其不可或缺的载体。不仅要将优秀传统文化融入教材，而且要适当增加优秀传统文化在思想政治教材中的比重，对思想政治课程进行完善和优化。

2. 依托"第二课堂"

高校应当充分理解"知行合一"的核心理念，巧妙地利用课堂和教材，运用优秀传统文化资源开展丰富的实践教学活动，以提高思想政治教育的效果，并加深学生对优秀传统文化的认识水平。高校应当拓宽优秀传统文化教育的渠道，利用社会资源，采取"请进来"与"走出去"相结合的方式来进行优秀传统文化教育。内部可通过邀请知名学者来校讲座，外部则通过组织学生实地参观考察等方式，促进优秀传统文化的传承与发展。为了让大学生更好地体验优秀传统文化，可举办多样化的文化展览和学习活动，组建传统文化社团组织，营造良好的文化氛围，以实现高校思想政治教育形式的多样化。

3. 建设"第三课堂"

高校思想政治教育工作借助迅速发展的新媒体，得到了更加广阔的发展空间和全新载体。优秀传统文化在网络上得到广泛传播，成为学生获取信息、分享感受和交流情感的重要方式。高校应当积极运用新媒体技术，完善优秀传统文化网络教育平台，促进传统思想政治教育工作和信息技术的深度融合，同时进一步巩固网络思想政治教育的重要地位。

（二）提升高校教师综合素质与文化教育意识

1. 注重优秀传统文化

重视研究优秀传统文化在思想政治教育中的教学意义，同时进一步完善思想政治教育的内容。中国传统文化博大精深、源远流长，教师只有真正深刻理解了其中的内涵，方能在教学中引经据典、妙语连珠，将课程讲得出彩，让课堂独具特色，激发学生的学习热情。

思想政治教育工作者需要深刻理解优秀传统文化所蕴含的思想精髓，通过对其的运用，传统文化促使思想政治教育工作发挥最大的潜力和作用。高校应当注重培养教师的理论文化素养，积极组织教学交流和研讨活动，以促进传统文化的交流和研究。除此之外，应该设置相关研究项目和活动经费，以鼓励思想政治教育工作者更深入地探讨优秀传统文化，从而促进优秀传统文化与思想政治教育进行深度融合，提升高校思想政治教育水平。

2. 完善新媒体专业素养

高校教学面临着既有机遇又有挑战的双重形势，其中新媒体是不可忽略的因素。要想让学生使用网络上的高质量资源进行学习，教师必须具备全面的新媒体素养和信息技术应用能力。因此，在高校思想政治教育中，加强教师的专业能力至关重要，这直接关系到能否对教学的效率和效果产生积极的作用和影响。阅历丰富的教师可以依靠个人魅力，在潜移默化中对学生的思想和行为产生深远的影响，使他们更乐于接受教育。高校教师应当努力提升自身新媒体专业素养，对新媒体平台资源进行合理的运用，在使用新媒体时正确识别、判断、理解甚至是质疑其中的资源信息，以身作则，努力提升利用新媒体开展工作的自身素养，使学生能够正确地使用新媒体。

3. 创新师生互动交流模式

在思想政治课堂上，教育工作者要重视优秀传统文化线上课堂，"教"与"学"之间的关系应当和谐妥帖，大学生在课堂上占据主体地位，因而在教学过程中，应当采取大学生乐于接受的方式方法。考虑到大学生更倾向于在网络上与他人沟通交流的特性，高校教师可以合理运用新媒体，创建优秀传统文化线上课堂，在网上与学生互动交流，构建网络环境下大学生和教师之间的良好关系。用学生喜欢的方式方法来进行优秀传统文化教育，打造全新的师生互动交流模式，以提升新时代大学生文化素养为目标，打造更为便捷、畅通的新媒体平台，是新媒体时代人们的共同目标与理想追求。

（三）促进思想政治教师人才的自我修养

作为大学生成长道路上的"指路牌""方向标"，教师必须坚定政治方向，开展思想道德的建设和教育，推动国家和社会责任意识的形成。因此，高校思想政治教师人才培养和建设是非常重要的。

根据目前的情况来看，高校中还存在着许多没有相应职业道德素养和自我修养的教师，他们无法充分投入到自己的事业当中去，对中国传统文化了解甚少。由于缺乏积极参与性，他们在上课时表现得较为敷衍，导致很多大学思想政治课的教学效果不佳，无法达到该科目设立的初衷和预期效果。

（四）加强传统文化与教学内容的结合

高校教师不仅需要专业知识过硬，还要对传统文化有深刻的理解与领悟，如此才能将传统文化与思想政治教育进行良好的结合。一方面，教师通过深入学习和融会传统文化，不仅可以提高自己的道德修养，同时还能以潜移默化的方式对学生产生积极的影响。另一方面，借助传统文化的学习，在教学中融入优质的教学理念和儒雅的学者风气，可以提高学生的参与感和代入感。高校教师将传统文化融入思想政治教学中，可以实现"一箭双雕"的效果，让学生既受益于传统优秀文化思想，又得到现代先进道德观念的熏陶。因此，教师需要充分了解传统文化，将传统文化与课堂教学进行巧妙的结合，以此帮助高校学生树立正确的道德观，推进以德育人的教学理念。

（五）增设网络教育阵地，创新传统文化教育方式

大学应该探索新路径，不断对传统文化教育进行创新，开展网络教育，充分发挥网络的核心影响力。同时，建设以网络为核心的传统文化培养区，更加便利地满足学生进行思想政治学习的需求。目前，许多大学都拥有自己的官方网站，可以此为契机，通过优化传统文化的发扬渠道，将大量的理论知识转化为具有感染力的音频和视频等形式，为学生提供学习传统文化的核心能量。

通过创建校园网站，不仅可以缩短学生和教师之间的沟通距离，还能够让学生更加全面地掌握学习内容。此外，通过网站还能够有针对性地解决学生在日常生活中遇到的问题，并给予精神层面的引导。因此，思想政治教育教师应该学习网络科学，以便为学生提供多样化的教育和引导方式，同时对网络资源进行详尽的审查，为学生提供更加有效的思想政治教育。

第四节　思政课程与课程思政的协同育人探索

一、协同育人概述

目前关于协同的定义并未达成统一，协同的概念被国内外学者从多个角度界定，具体包括产生、表现形式等多个方面。

系统在追求系统整体最优的模式支配下，其内各个主体借助非线性的相互作用结合在一起，推动系统不断向稳定的方向有序发展，最终通过自组织功能成功实现协同，并且产生一定的协同效应，使各个部门和各个子系统的行为效果超越自身单独作用的效果总和，从而在宏观层面上逐渐形成全新、有序的良好状态。

"协同育人"作为协同创新的形式之一，它涵盖了协同创新的各个方面。具体而言，"科教结合协同育人"旨在通过科研院所以及高等学府之间的"结合"手段，同时将"协同"作为具体过程，实现"育人"的最终目标。就本质而言，它是一种高等学校与科研院所相互合作与结合的活动，可以产生协同创新的良好效果。

二、协同育人与高校思想政治教育的关系

推动人类进步和全面发展的工具之一就是思想政治教育，同时它也是实现人类价值的关键途径，随着社会个体的生存以及发展变化，思想政治教育也将不断演进和更新。时代变迁和社会转型的加速进行，传统思想政治教育模式已不能满足当代大学生成长、成才的需要，必须寻求新的途径，以适应现代人才培养目标

要求。思想政治教育应当致力于培养具备全面发展能力的个体，以满足他们对价值的诉求。当前，由于受到传统应试教育观念、市场经济以及大学生自身因素等多方面的影响，思想政治教育呈现出功利化倾向，导致学生道德缺失和人格异化问题突出。协同育人是思想政治教育的重要组成部分，核心理念在于以人的发展需求为基础，严格遵循协同育人的相关原则，从而实现和谐共融的平衡状态。协同育人既可以使思想政治教育具有更强的针对性和时效性，又能够提升高校大学生的思想道德水平，增强其综合素质。所以，在思想政治教育的发展过程中，协同育人已成为必不可少的一环，它不仅是塑造思想政治品德的核心与关键，还是一种提升思想政治教育实效性的不可或缺的重要手段。

在思想政治教育的整体框架下，协同育人的理念得以深入贯彻落实。协同发展的理念在于进一步加强思想政治教育系统各子系统要素之间的联系，以充分发挥其自身优势。然而，现今的思政教育协同育人发展环境还有改进与优化的空间，因为思想政治教育各主体之间缺乏一定的整体合力。这种合力并不是单纯的机械化合作，而是需要以协同发展理论为基础，主体在共同的理念和制度框架内，成功实现对结构内资源的有效整合，从而提高结构绩效。

协同育人可以优化和完善思想政治教育的具体过程。必须要有一支高素质的教师队伍来保证思想政治教育工作的顺利开展和实施，其中就离不开思想政治教育理论与实践之间的相互融合。现如今，思想政治理论教育的主要渠道是思想政治教育理论课教学，然而若想使大学生接受系统化的思想政治理论教育，只依赖理论课程显然是无法满足其要求的。唯有将思想政治教育学和哲学知识结合起来，形成协同效应，才能够使两者相辅相成、相得益彰。根据马克思主义哲学原理，世界作为紧密相连的有机整体，教师除了能够在理论课程中将思想政治教育理论传授给大学生之外，还能够将其渗透到其他学科中。通过建立"三位一体"的思想政治教育主体与客体互动模式，形成双向沟通渠道等路径来构建思想政治教育协同培养机制，从而达到增强思想政治教育实效性之目的。

现今高校虽然普遍依据学生所选专业开展专业教育，但是因为思想政治教育学科的独特性质（能够将思想政治教育融入其他学科的教学过程中，采用一种隐性的教育方式，以延长课程时间、扩大队伍以及提高辅助资源，从而使教学资源得到合理的优化与配置），因此能够建立一套科学的相互协作的思想政治教育协同育人机制体系。思想政治教育协同育人秉持以学生为中心的教育理念，培养学生的全面发展。"人的本质不是单个人所具有的抽象物，在其现实性上，它是一切社会关系的总和。"① 人类社会的本质属性主要包括精神属性和物质属性两个方面，因此道德教育的目标在于全面培养人的社会属性，帮助人们塑造正确的历史观、文化观以及国家观，使他们成为符合社会主义建设要求的合格人才，这和思想政治教育协同育人的理念具有一致性。大学生群体的思想道德水平，在一定程度上对他们是否具备成为国家未来发展的重要后备力量以及成为社会主义事业接班人的潜质，具有深远重要的影响。在当前时代背景下，随着经济和教育事业的蓬勃发展，高等教育机构已将学生培养的重心转向提升其知识文化水平，对他们在思想政治品德方面的塑造则相对减弱，然而要为一个人树立一种非常牢固的思想观念，需要耗费相当长的时间。所以，在新时代下，高校思想政治工作者应积极运用思想政治教育协同机制，引导并促进高校学生思想意识的健康发展。在高校思想政治教育中，协同育人理念十分注重和强调各主体对学生的一系列直接影响，综合考虑学生群体对思想政治教育的认可度以及接受度，帮助他们形成内在驱动力，从而在潜移默化中逐渐认同和接受思想政治教育。

充分发挥教育载体的协同作用，构建一个全方位的育人模式，以实现育人目标。在不断变化的社会环境中，作为一个开放的系统，主客体需要快速适应新形势下社会对思想政治教育提出的新要求，同时这也是思想政治教育实效性得到有效提高的关键所在。当前，我国高校思想政治教育存在着主体意识淡化、内容体系不完善、方式方法单一等问题，需要通过协同育人来解决这些问题。在新时代，加强和改进高校思想政治工作，必须将协同育人的根本任务落实到每一位教师身上。通过多种教学手段的协同育人，积极构建一个全方位和全过程的系统化育人模式，并且对心理辅导、思想政治教育课程等多种教育载体进行灵活运用，多角度、深层次分析和研究学生个体之间存在的差异性，因势利导，对教育资源进行隐性地拓展与延伸，从而有效推动并促进高校思想政治教育工作的顺利开展。

---

① 马克思，恩格斯. 马克思恩格斯全集（第1卷）[M]. 中共中央马克思恩格斯列宁斯大林著作编译局，译. 北京：人民出版社，1972.

三、高校思想政治教育协同育人平台的构建

（一）运用新媒体技术，在校园文化层面构建校内协同育人平台

1.坚持立德树人，建立全员参与的思想政治教育工作机制

高校人才培养的核心在于立德树人，这一过程必须始终贯穿于整个教育教学过程，可以从以下两点入手。

第一，通过不同的方式不断加强校内各部门之间的协同合作，以实现思想政治教育资源的有机整合与优化，同时将思想政治教育纳入整个学校的发展规划中去思考、安排、协调，使之成为一个有机整体。高等教育机构的组织架构相当复杂，包括教学管理、学生管理等多个部门，虽然它们的职能和分工各不相同，但是均肩负着对学生进行思想政治教育的重要使命。教学院系在组织和开展思想政治教育活动的过程当中，承担活动策划、宣传等有关职责，然而经费、活动场地等方面的审批备案工作，通常由服务管理部门进行，若服务管理部门缺乏协同育人的责任意识以及观念，对思想政治教育活动的顺利开展会造成非常不利的影响，还会在一定程度上制约其效果。为了构建高校校内协同育人平台，高校需要在服务管理部门和教学院系间建立一套高效的工作沟通机制，从而促使高校内的所有部门均具有协同育人的意识，并且有序整合校内全部的教育资源，最终为大学生思想政治教育的顺利开展提供强有力的支持。

第二，构建一支思想政治教育团队，将专职与兼职相结合，实现全员协同育人。高等教育中的思想政治教育工作需要始终贯穿于整个教育教学的过程当中，因此所有高校教师都必须树立协同育人方面的意识，并以积极的态度主动参与到思想政治教育的工作中。通过多种途径构建一支高素质、专业化的专兼结合的教师队伍，为大学生提供优质的思想政治教育服务。高校应提升专职思想政治工作人员的素质和能力，同时明确思想政治工作者的准入标准，定期组织和开展与其相关的理论学习、培训进修等一系列活动，以将他们在思想政治教育中的主导作用充分发挥出来。高校要积极组建多元化的思想政治教育兼职团队，将其他专业课程教师、班主任等纳入兼职队伍当中，以促进不同群体之间的协同育人意识，将立德树人的理念贯穿于高校教学、管理以及后勤服务的整个过程，从而实现全方位和全过程的有效育人。

2. 打造特色校园文化，构建校内协同育人平台

大学生的学习和生活离不开校园文化的滋养，高校开展思想政治教育的途径之一便是通过校园文化来实现这一目标。在开展思想政治教育工作方面，校园文化的生活化、日常化等多重特征，使其成为不可或缺的重要组成部分，发挥着十分重要的作用。当前，我国高校面临着新形势和新机遇，需要进一步加强校园文化建设，充分发挥其对学生成长成才的促进作用。为了实现立德树人的目标，高校可以从两个方面入手，构建一个能够协同育人的校内平台。

第一，秉承显性教育与隐性教育相互融合的理念，积极开展融合课堂与课外的多元化文化活动，同时结合学校特色校园文化活动，对学生进行礼仪规范和文明礼貌教育，提升其人文素养。为了全面培养学生良好的思想品德，高校可以通过开展课前、课中以及课后的文明习惯养成教育活动，引导学生自觉养成这些品质。另外，还可以利用第二课堂，结合校园文化主题实践活动开展丰富多彩的文体活动，丰富校园文化，营造积极向上的氛围。教师在思想政治理论课的课堂教学中，可以开展名人传记、读书交流等多种有趣的活动，从而引导他们树立崇高的理想信念，培养爱国情怀。同时，还可以依托校园文化活动载体，加强对大学生思想道德行为的培育。高校可以通过组织班级文化展示比赛，以班级为单位进行班徽、班服等创作活动或者展示活动，使班级的凝聚力以及学生的团队合作精神得到较大幅度的提升。例如，开展宿舍文化周活动，围绕宿舍建设开展最美宿舍评比，以提升学生在人际交往方面的能力，使宿舍成员之间和谐共处。深度开发校友资源，开设专门的校友演讲平台，让校友亲身参与，从而培养学生的感恩之心，以及对母校的热爱与无私奉献的精神。

第二，建立一套多层次的校园文化体系，将理论教育和生活教育有机融合在一起，以高雅与通俗并存的方式呈现出来。高校可推出中华优秀经典作品诵读比赛、优秀书画作品展览等"书香校园"活动，从而提升学生在审美方面的兴趣，通过组织丰富多彩的活动提高学生的参与热情。为了培养学生高尚的道德情操，高校可专门开设思想道德讲坛，积极邀请道德模范、校外专家，为学生开设道德讲座。高校可以举办丰富多彩的社团文化节活动，将各个学生社团独特的文化内涵淋漓尽致地展现出来，使学生沉浸在文化的魅力之中，促使他们培养更加广泛的兴趣与爱好。组织和开展学生先进典型评选活动，通过励志、好学等多个主题，

评选出杰出典型，同时展示与宣讲他们的先进事迹，营造出一种人人追求进步的优良环境和氛围。

3.运用微信等新兴媒介平台，开展线上线下相结合的思想政治教育

第一，利用新兴媒介平台，如微信、QQ等展开不同类型的思想政治教育活动。借助新媒体，高校可以有效地提高思想政治教育工作者与学生之间的沟通互动效率，同时还可以借助新媒体平台为师生搭建交流平台，使他们能够随时随地分享自己的观点和想法，从而提高思想政治理论课教学实效性。随着移动互联网和智能手机的广泛普及，微信、QQ等新兴媒介平台在高校思想政治教育工作中所扮演的角色越来越重要，发挥的作用也日益明显。高校在活动策划的初期可以利用新兴媒介平台，对活动的创意与方案进行广泛的征集，使开展的活动更加贴近实际，也更受学生欢迎。高校在活动宣传发动的阶段能够通过新兴媒介平台，向广大学生群体及时发布活动预告，以吸引更多学生的关注，并且积极参与其中。高校在活动的实施过程中能通过在线直播报道、开通在线投票等功能，促进场内与场外、线上与线下的实时互动和交流，从而进一步提高活动的教育效果，同时扩大其影响力。

第二，不断加强对新媒体平台，如微信公众号、QQ公众号等的建设与管理，积极占领网络思想政治教育的制高点。在新形势下，高校应当充分利用微信公众号等新兴媒介平台开展大学生思想政治教育。现如今，各大高校的教学、管理等部门均已建立了大量微信公众号，这些新媒体平台在一定程度上为高校思想政治教育提供了全新的传播媒介与形式，促进了高校思想政治教育的传播。高校应高度重视新媒体对大学生群体产生的负面影响，通过各种途径加强对新媒体平台的监管和引导。若善用新兴媒介，则可有效拓展思想政治教育的覆盖范围，提升教育效果。但高校亦需警惕新兴媒介对思想政治教育工作可能带来的一系列不良影响。高校必须高度重视并加强对新媒体工具的使用规范，同时还应该注意防止微信公众号等新媒体平台的负面影响。为了应对新媒体传播中的裂变式和开放式特点，高校必须指派专人对其进行监管。简单来说，就是为了避免和降低网络媒体对高校思想政治教育带来的负面影响，高校必须实施严格的审批、备案等管理制度，以充分发挥新媒体平台在促进校内协同育人平台建设的积极作用。

（二）以社会实践活动为载体，构建校外协同育人平台

大学生参加各类社会实践活动，符合思想政治教育"实践—理论—再实践"的工作规律和学生学以致用的认知规律。具体来讲，高校可从以下方面着手构建校外协同育人平台。①

1. 开展志愿服务活动，培养学生的社会责任感和奉献精神

志愿服务主要指的是从受助者的实际需求出发，为他们提供的一种无偿性的服务。现今大学生志愿服务的范围已经扩展到了助学、扶贫等多个领域。高校开展思想政治教育的重要途径之一，是通过大学生志愿者参与各种志愿服务活动，以体验式的方式全面掌握和了解他人需求并提供帮助，从而触动他们的内心，将感恩之情与社会责任感充分激发出来。大学生作为一个特殊群体，其自身特点决定了大学生在参与志愿服务活动时需要考虑很多因素。通过为他人提供服务的过程，有助于激发大学生志愿者的自我完善以及自主实践方面的意识，从而实现理论与实践的无缝衔接与结合。在社会调研的过程当中，大学生志愿者得以深入了解社会现状，并在帮助他人的基础上不断提升自身素养，从而深刻感受到自身的价值与存在。高校要积极引导学生参加社会实践活动，增强其责任感和使命感，提高其综合素质，为将来成为一名优秀的人才奠定坚实的基础。通过组织大学生志愿者积极主动参与不同的活动，如勤工俭学、社会实践等，让他们亲身感受与感悟，最终把实践外化为自觉行动和内化为认知，促进知识、信仰以及行为的完美融合，即知、信、行合一。建立完善的评价体系，对大学生志愿者进行综合素质测评，促进大学生志愿者行为的规范性发展。对实践体验的载体与平台进行持续的创新，充分利用重大节庆纪念活动，鼓励学生积极主动参与无偿献血、爱心支教等不同形式的体验活动，以使他们的社会责任感与使命感得到较大幅度的提升。

2. 开展科普宣传，发挥大学生的人才和智力优势

就本质而言，高校实际上是年轻人才的汇聚之地，年轻的大学生思维敏捷，具备创新与奉献的精神，是为当地经济社会发展提供服务的主要力量。高校应加

---

① 陈俊龙，王英楠，王晓蕾.五位一体，协同育人：新时代大学生劳动教育模式构建[J].苏州市职业大学学报，2023，34（02）：56-61，71.

强对学生的教育管理，培养他们成为社会主义现代化建设需要的建设者和接班人，必须充分发挥高校在社会服务体系中的作用。高校应该将立德树人作为目标，与学生实际的成长规律相结合，同时把提供社会服务作为重要的载体，积极和不同类型的社会组织开展合作，如政府、社会团体等，共同建设社会服务项目，以科学合理的方式引导大学生走出校园，在将高校自身的知识储备与智力优势充分发挥出来的同时，为所在地区的文化传播、国家政策宣传等多个方面提供一系列的社会服务，将思想政治工作始终贯穿于社会服务的整个过程，最终达成学校和社会协同育人的共同目标。

3. 依托顶岗实习，推行企业与学校协同育人的人才培养模式

大学生在高校的大四学期会有半年到一年左右的时间到企业去实习，为自己的职业生涯打下坚实的基础。如何做好大学生顶岗实习期间思想政治教育是一项非常重要且紧迫的任务，高校应指派专人对学生在顶岗实习期间的思想动态进行全面掌握，以便及时地回应与解决他们在顶岗实习期间遇到的思想难题。高校和合作的企业应当深入交流与探讨思想政治教育，把高校的思想政治教育使命，以独特的方式和企业文化、员工管理制度等融合在一起，以真实的工作场景为背景，为学生提供思想政治教育，从而全面培养他们的工匠精神以及职业道德。除此之外，高校还应设立临时党支部等组织，以进一步加强对从事顶岗实习学生群体的管理，同时更好地开展思想教育等方面的工作。

4. 举办各类教育文化展示活动，增强社会与学校的沟通互动

为了实现"1+1>2"的效果，思想政治教育需要灵活运用协同理论，以促进各要素之间的有机配合、整合以及有序排列，从而形成一个系统性的教育体系。思想政治教育系统由多个组成部分构成，如教育对象系统、教育者系统等，其中教育对象系统和教育者系统分别是教育的客体、主体，每一个子系统虽然都有其特定的功能与作用，但是均对思想政治教育的成效产生深远的影响。通过组织和开展不同类型的有趣活动，不仅可以打开校门，让更多的社会民众身临其境地感受校园文化，从而推动高校育人工作的良性发展，同时也为高校开展大学生思想政治教育提供了契机。在高校人才培养方案的制定和具体实施过程当中，应当鼓励高校的学生和教师用专业知识与技能作为支撑，向社会公众积极展示高校人才

培养的实际情况以及取得的成果，使社会对高校人才培养模式有一定的认识和了解，从而吸引更多的社会组织参与其中，最终培养出更多品德高尚和综合素质符合社会需求的优秀人才。

四、思政课程与课程思政协同育人的实施策略

思政课程和课程思政的协同育人是一种融合了思想政治教育和学科教育的综合教育模式，旨在实现道德教育和智力教育的无缝衔接。以下是一些具体的实施策略。

（一）整合课程内容

将思想政治教育的核心理念、价值观和法治观念融入各学科的课程内容中。教师可以通过案例分析、讨论课、课堂演讲等方式，引导学生思考与社会、伦理、法律等相关的问题，使课堂不仅关注学科知识本身，同时重视对思想道德素养的培养。

（二）建立课程思政教师团队

组建由思想政治教师和学科教师组成的团队，共同研究和探索课程思政的教学方法和策略。思想政治教师可以提供学科教师有关思想政治教育的指导和支持，学科教师则能够贡献学科知识的专业性和深度，形成一种互补和协同的教学模式。

（三）强化教学设计

在课程设计中，教师可以结合学科教学目标和思想政治教育目标，设置有针对性的教学活动和任务。例如，通过课堂讨论和小组合作，让学生思考学科知识与社会现实的联系，引导他们理解学科知识的社会价值和应用意义。

（四）创设情境与案例

教师可以利用情境教学和案例分析的方法，将思想政治内容融入具体的实际情境中。通过引导学生分析和解决真实问题，让他们在学科学习的同时，培养批判思维、创新思维和解决问题的能力。

（五）强化评价和反馈

在评价方面，应综合考虑学生学科知识的掌握程度和思想政治素养的发展情况。教师可以设计有针对性的评价标准，包括书面作业、项目报告、演讲展示等形式，以全面了解学生的学习成果和思想政治发展情况，并提供及时的反馈和指导。

（六）建立学校支持机制

学校应为课程思政的实施提供必要的支持和资源，为课程思政的实施提供保障。具体而言，学校可以采取以下策略。

1. 制定明确的政策和指导文件

学校领导层应制定明确的政策文件，明确思政课程与课程思政的协同育人的重要性和目标，并提出相应的要求，为实施策略提供指导。

2. 建立跨学科协作机制

学校可以建立跨学科的教学团队或委员会，由学科教师和思想政治教师组成，负责协调各学科与思政课程的融合。团队可以定期召开会议，分享经验，制订教学计划，共同设计和评估课程思政的教学活动，确保思想政治内容能够有机融入学科教学中。

3. 提供教学资源支持

学校可以建立和完善教学资源库，收集和开发与课程思政相关的教材、案例、多媒体教学资源等。这些资源可以供教师使用，丰富课堂教学内容，提供实例和素材，帮助教师更好地实施课程思政。

4. 鼓励创新实践和交流分享

学校可以鼓励教师和学生开展创新实践活动，包括社会实践、科研项目、社团活动等，激发学生的创造性思维与实践能力，促进他们的全面发展。在学术交流过程中，鼓励师生共同参与，以促进知识的交流和理解。

第六章　网络时代下思想政治教育教学模式构建

本章主要介绍网络时代下思想政治教育教学模式构建，主要介绍两方面的内容，分别为网络时代下思想政治教育教学模式构建的机制和网络时代下思想政治教育教学模式的外在支撑。

第一节　网络时代下思想政治教育教学模式构建的机制

为了使高校网络思想政治教育的实效性得到进一步的提升，必须着眼于建立一套可持续的完整机制。高校在网络思想政治教育方面的法制建设、安全机制以及评估机制，是确保长效机制建设的不可或缺的组成部分。由于网络具有开放、自由的特性，大学生的价值观念呈现出更加个性化和多元化的趋势，在法制意识薄弱和道德评价失范的条件下，易导致大学生选择迷茫和价值取向紊乱。为了维护网络秩序，使其正常运行，必须建立健全法律规范与社会道德体系，以调整网络中人和人之间的关系。目前，我国网络立法滞后于网络发展的需求，缺乏相应的法律法规体系，从而导致一些问题的出现。所以，高校在网络思想政治教育与管理的过程当中，不断加强网络在法制方面的建设，规范网络管理以及学生网络行为等方面的工作，已成为一项十分重要的任务。网络安全机制建设，则是校园网络健康运行的重要保障。高校网络思想政治教育规范化的持续性提升，离不开建立与完善评估机制这一有力措施。

一、高校网络思想政治教育的法制保障

互联网带给人们的是开放性、兼容性、快捷性与跨国性的信息传播，人们因此受益颇多。随着互联网的广泛应用以及科学技术的发展，其在推动国民经济、社会服务信息化进程方面的作用日益凸显。随着时间的推移，互联网上有害信息的发布和传播问题变得越来越突出，同时利用互联网进行违法犯罪的行为时有发生。由于我国缺乏对互联网法律规范体系建设的统一领导与协调机制，造成了许多不应有的损失，严重影响了网络技术应用的正常开展，甚至引发了一系列社会问题。所以，不断加强网络在法制方面的建设，将法律作为准绳，推动互联网健康有序发展，不仅有助于确保网络与信息的安全，维护国家安全与社会公共利益，还可以使公民、法人与其他组织的合法权益得到充分的保障。随着互联网普及和运用程度的发展，我国从 20 世纪 90 年代至今，出台了一批专门针对信息网络方面的法律、法规及行政规章，初步确立了符合国际惯例的网络法制框架。高校网络思想政治教育的有效实施离不开网络法制建设所提供的坚实支撑。

（一）网络法制建设应重点处理的关系

随着网络技术发展的日新月异以及网络应用的日益普及，思想政治教育对网络法制建设的要求越来越高。网络法制建设是不断适应网络发展的过程。网络思想政治教育的法制建设既要适应法制建设自身的要求，也要尊重思想政治教育的工作规律。由此，在网络法制建设中应重点处理好以下几个关系。

第一，在推崇主流思想的同时，必须尊重每个人独特的发展空间，具体而言就是尊重个性化发展空间和主旋律间存在的紧密关系。当前，网络思想政治工作要解决的问题之一就是如何充分发挥其在建设和谐文化中的作用。网络思想政治教育应当以服务社会主义现代化事业为目的，毫不动摇地对社会主义的主旋律进行大力弘扬，无论是网络信息服务单位还是用户社区，均应该成为传播和宣传社会主义核心价值观的载体和流动窗口，就某种意义上来说，这也是我国出台网络信息服务法律管理规定的最终目的。在互联网时代，人们可以通过在网络上浏览新闻、发表言论等活动来满足自己的需求，这也是网络时代给人类带来的巨大便利。然而，互联网缺乏中央控制计算机，导致用户的发展与使用缺乏一定的限制，从而使网络传播陷入无序的尴尬状态，为各种不法分子与敌

对势力提供了可乘之机。在网络空间中，网络的个性化发展是网络内容丰富多彩的有机组成部分，自由和个性的张扬被网民所推崇。为了充分确保网络信息服务单位与网民可以在法律框架之内开展具有创造性的行为与活动，需要在法律调控中预留个性化的发展空间，从而使网络文化的内涵得到持续性的丰富与更新。

第二，道德自律和法律约束双方存在着十分紧密的联系。在推进网络思想政治教育的过程中，对网络信息服务的监管部门可参考信息较为发达国家的成功经验，通过双管齐下的策略促进网络思想政治教育。政府应积极介入，搭建一套完整高效的行政执法和司法处置监管体系，同时也要注重网络信息服务行业监管和虚拟社区自律督管的民间管理模式。道德规范在网络管理中扮演着不可或缺的角色，从理论和实践两方面来看，"以德治网"能够有效填补"依法治网"的不足之处，目前网络文明工程的建设在蓬勃发展，同时网络伦理的独立地位也得到了理论和实践的认可。在网络伦理规范的框架下，法律作为道德的支柱和保障，以明确性、稳定性等特点，为追究不道德违法犯罪当事人的民事、行政以及刑事责任提供了不可或缺的社会功能。在网络思想政治教育法制建设的过程中，怎样对政府自主和网民自觉的关系进行有效协调，实现网络信息服务监管的有张有弛和宽严结合，是至关重要的问题之一。

第三，发展和管理的关系。网络发展与网络管理存在一定的冲突与矛盾，其中网络发展作为矛盾的主导方面，必须给予足够的网络空间以促进其进一步发展。党中央所提出的工作指导原则，深刻阐述了互联网的发展和管理之间的辩证关系，强调了趋利避害的重要性。网络发展是一个动态的过程，其发展趋势也会随着时代的变化不断调整。在网络思想政治教育的法制建设过程中，必须以全局视角和长远眼光为出发点，对网络发展的可持续性给予高度重视，以确保长期稳定和可持续发展。在制定网络法律的时候，除了加强网络管理之外，还需要重点关注网络的发展，将文化传统、时代精神，以独特的方式和未来理想的历史尺度融合在一起，同时把个人的"可持续发展"与网络作为法律关注的一个直接性目标。

第四，可操作性与原则性的关系。网络思想政治教育作为一种新事物，有许多方面需要进一步完善和发展，这些都与立法有着密切的联系。制定法律的初衷并非在于其本身，而是为了确保法律得以顺利有效的实施，只有当操作性与原则性有机结合起来，才能保证立法具有实际价值并发挥其应有作用。在网络思想政治教育法制建设的时候，必须始终坚持法律原则性与可操作性的统一，并对网络法律实施的可操作性建设给予高度的重视，以确保在实践中的有效性和可持续性。为了确保网络信息的合理使用以及正常流通，维护信息所有者和用户的一系列合法权益，需要制定一套科学的实施条例，以便于网络管理，从而让网络法成为新时代生产力的有力保护者。除此之外，为了进一步加强执法力度，无论是信息产业界与法律界，还是网络技术专家与司法专家，均应该建立较为紧密的协作关系，共同探讨最优的法律与技术标准，以便对网络有害信息与网络犯罪进行有效的控制。

（二）进一步完善网络思想政治教育的法律规范

在现代社会中，人们的文化、道德水平参差不齐，因此总有人会做出一些危害他人、社会甚至国家的行为。人们在面对这些事件时，单纯依靠良心与舆论的"软约束"，通常是无法达到预期效果的，必须通过立法程序，将一些最基本的规范转化为法律和法规，从而形成一种"硬约束"，强制执行，以确保正常的社会生活秩序。没有任何一种制度能够解决所有问题，更谈不上对社会秩序进行有效控制了。在现实社会和网络社会中，我们面临着同样的挑战。互联网的出现改变了人们的生产与生活方式，以惊人的速度影响着每一位公民，同时对我国现有的法治体系提出了新的挑战。要开展网络思想政治教育工作，就必须建立和完善法律规范，用法制来保证网络的基本秩序，形成网络思想政治教育的法律保障机制，促进网络思想政治教育的健康有序发展。[①]

1. 建立网络思想政治教育的法律保障

第一，在制定法规的时间节点上，必须始终坚持适时的原则。当某一事件发生或者社会关系出现的时候，应该在合理的时间范围之内，严格根据客观环境以及现实需求，及时科学、合理地制定和发布相关法律法规，并对其进行适当的调整与优化。

第二，在制定法律的时候必须注重整体的协调性，以确保法律的整体有效性。

---

① 孙静，陈海畅，华怡颖. 新时代高校网络思想政治教育面临的挑战与对策研究 [J]. 安徽职业技术学院学报，2022，21（4）：6-9，21.

针对网络犯罪的立法，则必须从宏观和微观两个层面上考虑，以实现对整个社会利益的有效保护，使之成为一个有机联系、相互制约的统一体。在网络侵权、犯罪的立法过程中，必须考虑其相对完整性、系统性和全面性，以确保形成一个自成体系的结构；在网络立法方面，需要和其他现有法律法规相互协调和补充，以进一步完善我国的法律体系。

第三，在制定法律法规的过程中必须注重精准性和针对性，以确保有效性和适用性。由于网络是一种新兴事物，它与传统社会相比存在着很大差异，因此必须对其进行专门研究，唯有如此才能更好地指导实践活动。网络技术是高科技发展水平的具体表现，具有高度专业化和技术性，为人们的发展提供了前所未有的机遇和挑战。网络的开放性、交互性、虚拟性等特点，使之与传统社会中的法律有着较大不同。为确保网络法律规范的具体明确，需要对某一类社会关系进行调整，以避免似是而非、模糊不清等尴尬情况。此外，由于我国目前还没有针对网络立法的专门性法律或法规，有关部门又缺乏相应的执法力量，这就给网络立法带来一定的困难。所以，对网络立法而言，需要法律专家与网络技术专家的共同参与，以确保其有效性和可持续性。

第四，在网络立法的过程中必须确保与国际通行规则的要求相符合，确保一致性。目前，针对网络侵权与犯罪，各国均制定了相应的法律法规，这些法律法规具有参考和借鉴的意义，因此在立法过程中，应更加注重与国际接轨，从而确保在全球范围内打击网络侵权犯罪，并积极维护当事人的合理权益。

2. 加强网络思想政治教育法律规范建设

我国在网络法制建设方面虽然已取得长足的进步，在某些特定领域的立法方面也取得了新的突破，为我国的网络建设提供了更广阔的空间，但随着网络的普及和发展，网络法律规范建设有待加强和完善。加强网络法制建设的基础研究和人才队伍建设，包括开展重大的信息化法制建设问题专题研究，为网络立法提供理论支撑；培养一批既具备法律研究素质，又掌握信息技术知识的法学研究专门人才；完善网络立法布局，充分发挥法律的调节功能。

就促进网络思想政治教育健康发展来说，我国网络法制建设应十分重视互联网内容的净化并制定相应法律。随着互联网的蓬勃发展，作为一种新型信息传播载体，其对传统媒体产生着巨大冲击，人们的意识形态管理正面临着全新的挑战和考验。在互联网的影响下不断涌现的新技术与新业务，以传统媒介为基础的媒体管理体制面临着前所未有的挑战。互联网时代的意识形态管理，应该坚持"以人为本"原则，从加强网络文化建设、维护网络空间稳定等方面入手。互联网内容的治理，实际上属于意识形态管理范畴，涉及内容的安全性问题，虽然属于大信息安全的范畴，但与网络安全、系统安全等在本质上存在显著差异。内容的安全性在于是否与社会的价值观相符合，是否与公共道德相悖，以及是否会对社会产生一系列负面影响。网络和信息系统的正常运行，以及存储在其中的数据是否被非法获取、篡改或者丢失，都是网络安全和系统安全的核心问题。为确保网络、系统和数据的安全，必须采取有效措施，包括但不限于反攻击、防病毒等，其中防范网络入侵是关键。确保内容安全的主要措施在于及时发现与全面评估，尤其是需要专门的机构和人员对内容进行评估，同时必须遵循具有法律效力的法定程序。所以，在确保信息安全的前提下，必须区分信息内容安全和信息网络安全，并分别制定相应的法律规范，以避免混淆。

（三）用法律保护大学生健康的网络空间

大学生健康的网络空间，可以用法律规范的手段和机制来保护，主要涉及创建防治网上有害信息法治环境、建立信息网络安全法律体系。

1.创建防治网上有害信息法治环境

关于有害信息，法律已有明确规定。《高等学校计算机网络电子公告服务管理规定》第十三条规定的网上有害信息主要涉及九个方面的内容：违反宪法所确定的基本原则的；危害国家安全，泄露国家秘密，颠覆国家政权，破坏国家统一的；损害国家荣誉和利益的；煽动民族仇恨、民族歧视，破坏民族团结的；破坏国家宗教政策，宣扬邪教和封建迷信的；散布谣言，扰乱社会秩序，破坏社会稳定的；散布淫秽、色情、赌博、暴力、凶杀恐怖或者教唆犯罪的；侮辱或者诽谤他人，侵害他人合法权益的；含有法律、行政法规禁止的其他内容的。[①]一种有害信息主要侵犯了公民的私人权利，此时能够通过司法程序、调解等权利救济

---

① 教育部法制办公室. 高等教育法律法规规章选编 [M]. 北京：教育科学出版社，2005.

途径得到解决；另一种有害的信息传播方式是对公共权利的破坏，危害程度非常高，需要依法采取严厉措施予以打击。要加大网络管理力量，依法治网，坚决清除网上有害信息，通过不同的方式努力为大学生提供一个优越的网络空间，以满足他们日益增长的网络需求。在网络中，有害信息需要经过多个环节，包括制作、发布、传输和接收等，所以可以通过依法治理这些环节来确保信息的安全性和有效性。此外，还需要制定相应的法律制度对其实施加以规范，以保障网民的合法权益不受损害。运用技术手段对其进行筛选和分级，同时严格遵循法律规定，确定和明确其合法性，必要的时候可规定该技术手段被强制执行。建立与完善相关法律制度，对网络信息传播活动实行有效监管，以防止有害信息通过网络向公众传递，损害公共利益或他人合法权益，进一步明确网络内容提供商、网络接入服务商以及其他网络经营者的权利、义务和责任，以确保法律的有效执行。要明确专门机构管理，并协同相关组织综合治理，有效防治有害信息。

2.建立信息网络安全法律体系

随着我国信息化进程的不断推进，信息网络在社会与经济发展的过程当中，无论是地位还是作用都日益凸显，网络瘫痪、数据丢失等问题不仅对人民财产安全造成巨大的损失，同时也凸显了网络信息安全在现代社会中的重要性。保障大学生健康的网络空间，离不开加强信息网络安全工作这一至关重要的组成部分。因此，高校必须高度重视对大学生的信息网络安全教育，提高他们抵御网络风险的能力。随着时间的推移，网络安全事件已经对社会和经济产生了越来越深远的影响。由此，研究分析高校校园信息网络安全问题具有非常重大的现实意义。针对信息网络安全所带来的威胁，可以从多个角度进行分析。

第一，随着计算机病毒种类的不断增加，爆发的频率和破坏性也在不断上升。

第二，随着科学技术的发展，黑客们使用的攻击工具变得越来越多样化，他们的攻击技能也越来越高超，对系统的威胁也日益严重。

第三，网络和系统的瘫痪。网络和系统的瘫痪是由病毒、攻击或其他因素所导致的，这些因素都可能对网络系统造成破坏。

第四，数据被盗或泄露。由于电子政务建设的不断推进和发展，计算机系统与网络中存储着大量重要信息，这些信息以数据库的形式得以存储，同时也加大了国家重要信息情报失窃的风险。国外敌对势力利用技术手段，通过网络非法获取国家的重要情报，对国家安全造成威胁。

在信息网络的发展过程中，保障安全问题是至关重要的。目前，我国对信息网络安全立法方面的研究主要集中在技术层面上，缺乏对相关法律关系及主体间权利与义务关系的分析研究。然而，我国在信息网络安全方面的法律体系依旧处于起步阶段，尚未达到完备、适用与有针对性的程度。考虑到信息网络安全的重要性，必须建立和完善相应的法律框架，确保网络安全得到充分保障，为青年大学生创造良好的网络空间。

二、网络思想政治教育的协调机制

（一）建立"网前、网上、网后"全过程教育体系

在充分发挥网上思想政治教育优势的时候，必须注重大学生的"网前教育"和"网后教育"，以实现网前、网上和网后教育优势的相互补充和协同，最终建立起一个全方位、全时关注以及覆盖全过程的完整教育体系。唯有如此，方能最大限度地将大学生思想政治工作的综合效益发挥出来。

第一，网前教育。在新生入学之后，高校可组织他们接受一次计算机使用规范的教育，这是一项旨在提高他们计算机操作技能和知识水平的培训，以提高学生计算机应用水平和信息素养为目标。为了确保大学生能够遵守计算机网络使用规范，需要提供相应的指导和支持，通过网络教育的学习和实践，提高学生运用知识的能力、分析解决问题的能力以及创新能力。为了引导大学生树立正确的网络观，高校需要进行一系列的教育活动，让他们认识互联网上存在的各种现象和问题，领悟到网络的实质所在，深入探究其本质，了解网络的功能、作用以及带来的影响等。

第二，网上教育。高校思想政治工作网站的建立，是为了将网络打造成为开展大学生思想政治工作的渠道与阵地，从而实现网上教育的主要宗旨。要把学生组织起来，充分发挥他们的积极性、主动性、创造性，利用各种途径对大学生进行爱国主义、集体主义、社会主义教育，提高他们的思想道德水平。需要将党的声音在网络上广泛传播，通过网络积极宣传党的路线、方针和政策，以帮助大学

生消除疑虑，与网络上的错误思想进行斗争。要充分发挥学生工作者、辅导员队伍和班主任的作用，做好思想政治工作网站建设和维护管理工作。为了提升思想政治工作网站的吸引力，需要在网络上提供丰富多彩和形式多样的有趣内容，以增强对大学生的吸引力。加强与各有关部门之间的联系和配合，形成合力，共同做好学生思想政治工作，通过"电子信箱""网上论坛"等多种形式，对他们开展思想教育与心理咨询，从而提升他们的心理素质和社交能力。

第三，网后教育。为了顺利解决大学生因为上网产生的诸多思想问题，在大学生下网后利用报告、演讲等传统的面对面思想政治教育方法，通过理性和情感的引导，提高大学生的认知水平和问题解决能力，从而实现教育的最终目的。通过建立科学有效的管理机制、加强对学生的管理、提高教师素质等措施，构建网络环境下高校大学生思想政治工作长效机制。为了解决部分大学生沉迷于网络所带来的一系列心理问题，高校应组织和开展丰富多彩、积极向上的不同类型的校园科技文化活动以及社会实践活动，帮助大学生对网络世界和现实生活之间的紧密联系有正确的了解和认识，从而逐渐摆脱对网络的过度依赖。为了应对网络上出现的重要热点和难点问题，需要通过多种形式加强网上宣传工作，营造良好的网络舆论环境，从而更加有针对性地进行网后引导。

综上所述，高校在网络时代通过网络开展思想政治教育的时候，要使大学生网前、网上和网后的教育形成紧密相连、不可分割的整体，同时相互之间存在内在的必然逻辑。在网前教育中向大学生明确在网络上应该采取哪些行动，不应该采取哪些行动，以及为什么需要采取这些行动等；网上教育通过对大学生的教育以及科学引导，帮助他们树立正确的人生观、价值观，培养其良好的道德品质，使他们学会用理性思考去认识社会现象及自身存在的价值，并通过各种途径进行自我完善，积极主动地解决在思想政治方面的问题；网后教育重点在于顺利解决大学生在经过网前教育和网上教育后依旧无法避免的思想政治问题。

（二）坚持教育内容上的系统性和发展性

研究与构建网络思想政治教育内容，是确保网上思想政治教育工作取得良好成效的重要前提。网络思想政治教育目标的实现，与网络思想政治教育实效息息相关，在高校网络思想政治教育内容的构建中，需要始终坚持马克思主义对网络思想政治教育的主导地位，这是思想导向上的一个至关重要的问题。只有用科学理论武装大学生头脑，才能使他们自觉地运用辩证唯物主义和历史唯物主义观点观察世界、分析事物，从而坚定理想信念，增强抵制错误思潮侵蚀的能力。在构建高校网络思想政治教育内容的时候，必须遵循系统化的原则，以确保教育的全面性和有效性。

在确定网络思想政治教育的内容的时候，需要从高校网络思想政治教育这个庞大的系统出发，深入思考网络思想政治教育内容在这个系统中的地位，以及其与其他组成部分之间的内在联系。在考虑网络思想政治教育内容的系统性时，需要根据社会发展和大学生的实际需求，有针对性地选择和确定教育内容，以达到最佳的教育效果。遵循针对性原则、系统性原则和可行性原则，使之有机结合起来，形成一个完整科学的体系。坚持以发展为导向的原则，根据当前形势和最新理论建设成果，及时更新和扩充网络思想政治教育的内容。高校网络思想政治教育的核心内容应当涵盖对个体的世界观、人生观以及价值观的全面培养，其中世界观教育是根本，人生观教育是关键，价值观教育是保证。理想信念教育是世界观、人生观和价值观教育的核心所在，其重要性不可低估。持续不断地以马克思列宁主义、中国特色社会主义理论等体系对大学生进行武装，积极贯彻党的基本理论、基本路线等，组织多样化的中国革命、建设以及改革开放的历史教育活动，让大学生对社会发展规律、国家前途命运以及自身的社会责任有更加深入的认识和了解，同时坚定信念，确立在中国共产党的领导下走中国特色社会主义道路，进而实现中华民族伟大复兴的共同理想。

民族精神教育内容要以爱国主义为重点。弘扬和培育民族精神，要深入开展中华民族优良传统和中国革命传统教育，开展各民族平等团结教育，培养团结统一、爱好和平、勤劳勇敢、自强不息的精神，树立民族自尊心、自信心和自豪感。此外，还要将民族精神教育与以改革创新为核心的时代精神教育结合起来，引导大学生在中国特色社会主义事业的伟大实践中保持艰苦奋斗的作风和昂扬向上的精神。

公民道德教育要以基本道德规范为基础，认真贯彻《新时代公民道德建设实施纲要》，以为人民服务为核心、以集体主义为原则、以诚实守信为重点，广泛开展社会公德、职业道德和家庭美德教育，引导大学生自觉遵守爱国守法、明礼诚信、团结友善、勤俭自强、敬业奉献的基本道德规范。坚持诚信美德教育，坚持知行统一，积极开展道德实践活动，把道德实践融入大学生的学习和生活中去。修订完善大学生行为准则，引导大学生从身边的事做起，从具体的事做起，着力培养良好的道德品质和文明行为。

（三）构建齐抓共管的组织领导机制

第一，建立高校内部的网络思想政治教育领导小组，形成党委统一领导，党委宣传部牵头抓总，学工部、研工部、团委和保卫部、各院（系）各司其职、密切配合，广大师生广泛参与的齐抓共管的网络思想政治教育工作格局和组织保障系统。通过网络思想政治教育领导小组把各个部门、各单位、各层面的人力、物力、财力和各种资源组织起来，有效地调控网络思想政治教育的开展，以形成网络思想政治教育系统。

第二，构建一批网络思想政治教育队伍，这支队伍的构成应该是多层面的，既有专家教授，又有校院领导；既有青年教师，又有学生骨干；既有职能部门负责人，又有学生工作辅导员，只有形成这样的网络思想政治教育工作体系，才能把握网络思想政治教育的主动权。为此，要加强对现有学生工作队伍的网络技术培训，推动各项工作向网络空间延伸，通过培训使现有学生工作队伍善于运用互联网快速地获取信息，能够准确地评价信息，主动参与信息的创建，利用信息丰富学校思想政治教育工作的内容。

第三，建设一支专职的网上辅导员队伍。从专职学生工作队伍中选拔一批年纪较轻、能力较强，并且有较好网络知识和技术的教师，充实学校网上辅导员队伍，创造一定的条件吸引有兴趣和能力从事这些工作的业务教师，使他们参加到网上辅导员队伍中来。这支队伍应成为网络信息监控、信息汇总、网上师生交流、正面舆论引导等方面的骨干。

第四，处理好网络思想政治教育者之间以及教育者和被教育者之间的关系。网络思想政治教育者是网络思想政治教育活动的组织者、实施者与调控者，在整个网络思想政治教育活动中处于主导地位，发挥着主导性作用。这种主导性作用在网络中具体表现为"把关"功能（制造、传播、监控网络信息）、教育功能（对教育内容的传输、对教育对象思想行为变化的引导等）、调控功能（获取思想政治教育过程中的各种反馈信息，进行分析、整理，并据以调控自己的组织行为及教育行为等）。

三、思想政治教育的引导机制

现代网络使思想政治教育发生了很大的改变，网络上的信息可以集中在一起，从而形成一种网络舆情，这对传统教育产生了很大冲击。思想政治教育的工作人员要多留意大学生在网络上的动态，并且能够在学校的网络中对其政治思想进行引导，从而为学校的思想政治教育的展开提供一个好的环境。

（一）高校网络思想政治教育引导工作方式的策略

1. 从实际把握大学生的网络思想问题

从网上思想政治教育的实际出发，按照理论联系实际的原则，以实证分析法为主，辅之以调查研究法。通过问卷、访谈、网上调查等多种途径获取足以评价大学生网络思想现状，发挥网络技术和网络文化开放、兼容、自由、交互、平等、共享的优势，同时进行大量的资料汇集，在掌握丰富材料的基础上，进行反复的研讨分析，这对于高校网络思想政治教育工作方式、策略研究具有创新的意义。通过网络的传媒优势实现正确的导向，把网络营造成高校网络思想政治教育的新平台，以网络的互动性来把握大学生网络思想问题。

2. 开展网上教育和服务活动

注重教育引导策略的研究，开展丰富多彩的网上教育和服务活动，校园网是大学生获取信息、学习知识和交流思想的主体网络平台。要以校园网为依托，充分运用网络手段拓展思想政治教育的空间，用正确、积极、健康的思想文化占领网络阵地，寓教育于服务中，不能简单地将传统思想政治教育的模式照搬到网上，不能死板地将传统思想政治课堂延伸到网上。如果要发挥高校思想政治教育的主渠道、主阵地作用，就必须坚持思想政治理论课教育进网络，充分发挥网络的交互性特点，丰富思想政治理论课教育内容，开创思想政治教育的新方式，将信息交换方式、多媒体技术等引进思想政治理论课，增强思想政治理论课及思想政治教育工作的吸引力、感染力，提高思想政治理论课的教学效果。特别是要充分发挥网络课堂的独特优势，注重现实环境和虚拟空间的有效结合，使网络思想政治教育成为大学生党建团建和社团工作的重要手段和途径。鼓励、组织大学生参与网络文化建设的自主开发、自我管理、有效辐射，加强高校网络思想政治教育引导策略的研究。多年来，高校的学生思想政治工作人员和管理人员习惯于强制性的教育，但这种方式对网络思想政治教育是很难奏效的，唯有以教育引导的方式，才能使学生在网上主动接受科学意识形态的教育，自觉抵制消极网络舆论的误导。同时，在教育引导策略研究上取得的突破性成果，也可以直接应用于目前的网络思想政治教育工作中。

3. 建设高素质的教育工作队伍

认真落实党中央关于加强高校网络思想政治教育工作的指示精神，主动占领网络思想政治教育的新阵地，把网络的优势化为大学生思想教育的优势。突出创新性，提高实效性，使网络成为哺育大学生茁壮成长的新空间。切实加强高校网络思想政治教育工作的实效性，必须要有一批高素质、高水平的管理工作队伍。要有一支稳定的高素质教育技术管理队伍，来保证校园网络、教育教学资源、教育技术环境基础设施的运行、维护与管理，这就需要思想政治教育工作人员加强学习，提高自身的综合素质。互联网以其独特的方式给思想政治教育工作人员提高素质创造了条件，通过网络人们可以随时就地或异地上网学习。现代教育技术队伍是网络教学资源建设、研究、开发、应用、推广、培训、服务与管理等各项工作的中坚力量，是资源建设技术保障的关键。学校应该配备一定数量的专业技术人员进行教育技术的研究、开发与推广工作。跟踪现代教育技术的发展，对教师进行技术培训，为高校网络思想政治教育工作上一个新台阶提供可靠的保证。

（二）高校网络思想政治教育引导舆论的策略

1. 以大学生为本

为大学生服务就是要坚持以大学生为网站服务的对象，以大学生为网站建设和管理队伍的主体。一方面，在网站的栏目设计和内容选择上力求贴近学生的学习、校园生活、社会交往、就业与考研、心理健康、休闲娱乐等需求，增强网络的服务功能。通过网上服务，增强思想政治工作的针对性、时效性、感染力和吸引力，将教育与服务融为一体。运用大学生乐于接受的方式、方法开展教育，为大学生成长成才服务。[①] 另一方面，在网站建设中突出大学生"建"、大学生"管"、大学生"用"的理念。在教师指导下，设计、开发、运行、维护各个环节全部由学生来完成，并制定规章制度和工作流程，科学管理。注重人性化服务，在解答学生的网上问题时，要坚持问题解答的全面性、有效性、科学性，回复语言尽量贴近学生心理，回复问题时要结合学生生活、学习的需求，及时送上鼓励和祝福的话语，将人文精神和人文关怀通过网络传递给学生。

2. 真诚面对网络舆论

以真诚面对取代置之不理，在行为层面以舆论引导来取代盲目的封杀，在监管方式的角度上提高网络论坛对学生的吸引力。此外，为了进一步提高网络论坛对学生的吸引力，不仅要完善网络论坛解决问题渠道的功能，还需要校方在态度层面上以真诚面对。具体反映在网络论坛上发布和获取信息的行为上，如对反映学校的工作失误的言论，如属实要向学生解释并采取具体的行动；对反映非学校工作失误但对学生造成影响的言论，如属实也要向学生加以说明，晓之以理，动之以情，取得同学们的信赖和支持。经过努力，高校网络论坛也能成为发现问题、解决问题的畅通渠道。

3. 注重针对实际，采用引导方式

要开展融思想性、知识性、趣味性、服务性于一体的网络文化活动。开设交互性、开放式的各种类型的咨询信箱，利用校园网论坛、留言板、QQ 群等工具展开在线交流、网上辅导、网上心理测试与咨询、网上就业指导、网上学习咨询、网上校园生活指南等工作，及时解决学生反映的实际问题，加强校内舆论引导，纠正错误信息。网络舆论最理想的方式是引导，应该把晓之以理与动之以情有效地结合起来，使受众不易产生类似警觉、防范等反应，而是不自觉地接受劝服者的引导。

总之，互联网的飞速发展对社会生活的各个方面都产生了深远的影响，网络舆论越来越引起人们的关注，尤其是其对高校的影响日益增强。高校在传统网络

---

① 王光. 大学生日常思想政治教育以人为本取向研究 [D]. 长春：东北师范大学，2021.

舆论监管方式基础上，应加强高校网络舆论监管的总体策略和制定切实可行的具体措施，加强高校网络思想政治教育引导策略的研究。

四、高校网络思想政治教育的安全机制

高校出现网络安全问题，除网络自身存在安全缺陷、大学生网民缺乏网络信息安全防范意识和法律意识外，另一个非常重要的原因是对校园网络有害信息的监管不够完善，网络监管的措施相对滞后，出现了许多管理上的"盲点"。

因此，维护高校网络安全、净化网络环境就必须加强网络安全机制建设。通过完善网络信息监管、收集、网络预警、舆情分析判断和应急处置等机制，进行网上、网下互动，提高网络思想政治教育的针对性、实效性、吸引力和感召力，只有这样才能掌握思想政治教育的主动权。

（一）网络信息监管机制

占领网络思想政治教育主阵地，必须从网络信息监管入手。网络信息监管有利于建立畅通的信息渠道，解决实际问题，有效化解潜在的矛盾和隐患，使思想政治教育从学生的思想实际出发，从学生关心的热点和难点问题出发，选择切入点和突破口，贴近学生、贴近生活、贴近实际，从而使思想政治教育工作事半功倍。[①]

1. 网络信息监管的内容

网络信息监管分为日常监管和突发事件监管。日常监管是指将网络信息监管作为本部门的一项日常工作不间断进行，随时掌握网络舆论的导向、特点和趋势，如高校网管和版主的工作就属于日常监管的范畴。突发事件监管则是针对特定的事件对网上舆情进行监管，如网上群体性事件出现时，对其发生、发展、变化和趋势等进行监管。

第一，对网上危害信息的监控，重点是"黑色信息""黄色信息"和"灰色信息"。"黑色信息"和"黄色信息"是指我国法律明确规定的有害信息；"灰色信息"是指需要分析判断，介于有害信息与无害信息之间的信息。对"黑色信息""黄色信息"要第一时间进行过滤、拦截、删除，对"灰色信息"，能明确判断的给

---

① 许倩. 网络环境下大学生思想政治教育现状及对策探析 [J]. 世纪桥，2018（02）：64-65.

予锁定或删除，对一些倾向性不是很明显的转载、报道、讨论，给予密切关注，视情况不同作引导或删除处理，并及时向学校网络信息管理部门汇报。

第二，对网络心理异常的监测。网络心理异常可能是多方面原因造成的，如情感问题、就业压力、学业压力、人际交往压力等。一些心理异常的学生，尤其是性格有些孤僻、内向，心里话无处倾诉或不愿对别人讲而压抑在心中的学生，通常借助网络的虚拟性和隐蔽性倾吐心声，寻求帮助，有的甚至把网络作为自己的最后倾诉地点。监测网络心理异常通常通过数据分析、自然语言处理、社交网络分析等技术手段，对网络用户的行为和言论进行观察和分析，以发现可能存在的心理问题或异常行为，并采取适当措施进行干预和支持。

第三，对突发与群体性事件的监管。网络突发事件通常由校园事故、重大群体性骚乱、重大政治事件、经济事件等引起，通常具有较强的时间性、震撼性、社会性、负面性和不可预料性，如果处置不当必然会对高校师生和整个社会造成不良影响，甚至会引发全国性的舆论危机。加强对突然事件、群体性事件的监管是学校能够及时发现危机，全面掌握危机发展态势，准确分析判断危机形势，采取及时有效应对措施的重要保障，是化解和应对危机的重要前提。

2.网络信息监管机制的构建

第一，建立健全一系列校园网信息监管制度。高校应在认真学习、严格执行网络有关法律法规的同时，从学校的实际出发，结合教育教学特点和大学生自身特点，制定出一整套校园网管理的规章制度，如学生宿舍网络管理条例等。高校应该切实加强对学生个人网络信息的审查，落实上网实名制和论坛管理责任制等，还要有常规性的校园论坛信息巡查、聊天室有害信息检查等制度。

第二，构建网络信息监管的技术防控体系，如建立和完善信息安全防护软、硬件系统，维护信息安全与系统稳定；加强信息过滤系统，把好网络端口，通过路由器、防火墙封堵、过滤各种有害信息；完善网上信息实时监测和跟踪系统，以及时发现情况，及时处理。

第三，构建网络信息监管的人工防控体系。在技术监管的同时，加强人工监管。可由校领导牵头组织，建立一支具有应急处置能力的"网监队伍"。实时监管网络，及时把握动态，消除错误言论，避免真空时段，及时清除恶意信息和虚假信息。

第四，要建立舆情采集、报送机制。通过舆情采编、调查和分析，及时掌握网上动态，做好下情上传，为校领导或相关职能部门及时提供网上第一手信息。可由宣传部负责网络舆情的日常监管与信息采集，定期对网络舆情进行分类整理，分门别类地传递到各职能部门，具体职能部门通过该舆情信息，在第一时间获知和本部门有关的最新网络舆情，并对这些舆情进行分析判断，决定采用何种方式应对。

第五，要做好网上突发事件的防范和应急处置工作。建立舆情的"发现—通报—处置—跟踪—反馈"的热点应对机制。各职能部门则通过网络这面"镜子"检视自己，针对网上学生密切关注的焦点、难点、疑点问题，进行调查并及时给予答复、澄清。一旦发生网络舆情突发事件，学校立即启动网络突发事件应急处理预案，及时处置突发情况。

（二）网络预警机制

1. 网络预警的定义

网络预警是指从危机事件的征兆出现到危机开始造成可感知的损失这段时间内，化解和应对危机所采取的必要、有效行动。网络预警能力的高低，主要体现在能否从每天海量的网络言论中敏锐地发现潜在的危机苗头，以及准确判断苗头与危机可能爆发之间的时间差。时间差越大，相关职能部门越有充裕的时间来准备，为下一阶段危机的有效应对赢得宝贵的时间。

2. 网络预警工作程序

第一，构建信息调研网络。调研网络必须具有完整性和广泛性，不仅要有党、政、工、青、妇等组织的参与，还要有大学生自发性社团、民间协会等社会组织的合作；不仅要建立高校、院系等信息收集渠道，还应将网络延伸到班级和寝室等各方面。

第二，全面收集信息。通过制定规定或协约要求所有参与调研的单位定期汇总信息，同时实现信息共享。从各种网络论坛、聊天室、留言板等网络互动平台中观察大学生网民的思想情绪变化，从中找出带有倾向性的问题。不定期在网上进行大学生网民民意测验，从中了解大学生网民关注的热点问题。

第三，理性分析信息。必须对收集到的第二手资料进行深入、准确、细致的分析和概括。深入就是要透过表面现象把握本质，动态掌握。准确就是在广泛观察的同时，把握不确切的信息，克服片面性，保证科学性、公正性。细致是指工作要细致入微，点滴小事也要分析到位，避免因小失大。

第四，及时向上级领导及有关部门反馈信息。根据反馈的信息，对前一段时间以来思想政治教育工作的效果进行检验，看是否达到了预期目的，为调整思想政治教育工作的政策和方针做重要参考。通过对教育对象思想发展规律性的认识，对未来发展趋势作出科学预测，及早作出正确决策，防患于未然，从而使高校网络思想政治教育工作更具前瞻性。

3. 网络预警的基本要求

第一，网络预警要全面反映民意。干部群众的不利于社会安定团结的思想动态，专业人士关于社会进步、政治稳定、经济发展等的前瞻性意见等，都是要反映的内容。

第二，网络预警要"快、准、深、精、全"。搜集信息要快，反映问题要准，分析要有深度，事例要有代表性，内容要全，既要报喜也要报忧，并且要重视反映其他渠道难以得到、不易反映的社会情况和群众意见。

第三，网络预警要促进舆情调查的制度化建设。凡重大决策前，必须进行深入实地的舆情调查。决策后要跟踪调研，根据实施效果的好坏和情况的变化对决策进行完善和调整。重视舆情调研方法的现代化技术建设。

（三）网络舆情分析判断和应急处置机制

在高校网络思想政治教育中，就是要求思想政治工作者对网络环境中出现的各种舆论动态、舆情趋势变化或苗头性信息能够及时发现、准确判断、正确决策和迅速予以解决的工作机制。

1. 网络舆情的分析判断

网络舆情的科学分析判断是掌握网络思想政治教育主动权最关键的环节，也是最难的一个环节。如何对网络舆情作出及时准确的分析判断，对思想政治教育工作者提出了很高的要求。

第一，有很强的政治意识。政治意识解决的是站在什么位置上说话、维护谁的利益问题。分析网络舆情必须要强化政治意识，善于站在政治的高度审视网络舆情的本质。

第二，了解社会上的各种思潮和各种力量较量形式。网络舆情归根结底是社会思潮和各种社会力量较量的综合反映。网络的开放性、多元化，使以社会主义核心价值观为主流的意识形态有时出现难以控制网上局面的情况。

第三，注重角度与层次性。网络舆情是多方面意见的混合体，在网上发表意见的人来自社会各个阶层，分析网络舆情要特别注意从多角度思考问题，特别是层次性。网民收入不同、社会环境不同、文化修养不同、社会阅历不同、所处环境不同，看问题的深度也不一样，会对同一个事物发表不同的意见，有时甚至针锋相对。

第四，了解掌握危机舆情的演变规律。正确研判网络舆情，了解掌握网络舆情的演变规律是先决条件。网络舆论危机是一种高度不确定性、威胁性、特殊性、不可预测性和非常规性的一种舆论，通常由国际、国内的突发事件，如自然灾害、计算机病毒、社会事件、恐怖主义行为以及重大群众性骚乱、重大政治事件、经济事件等所引起，并迅速成为网络上的舆论热点和焦点，加上处理不当加快通过网络蔓延的速度，成为地方性甚至全国性的舆论危机。网络舆论的酝酿、形成非常迅速，但网络舆论到网络舆论危机的转化通常有一个酝酿、发展演变的过程。一场网络舆论危机的形成、发展通常经过三个阶段：第一阶段是网络舆论形成。由于外界信息刺激的出现，或者突发事件的发生，在网上迅速形成舆论热点。第二阶段是网络舆论到网络舆论危机的转变。如果网络舆论持续增大，当事人处理不当或网络舆论得不到缓解，使舆论出现"一边倒"，形成"共同的""一致性的"负面舆论，最终由一个普通的网络舆论演变成为一场网络舆论危机。第三阶段是网络舆论危机的爆发。网络舆论由隐性的舆论压力转变成为真实生活中行为抗争的显性行为，甚至造成危机性事件，威胁社会稳定，阻碍社会发展。

2. 网络舆情的应急处置机制

及时有效的网络舆情研判可以为网上热点事件的快速应对提供有利条件。对网络预警所反映的热点问题，学校应高度重视，并立即启动相关工作机制，积极主动地应对网络舆情。

（1）网络舆情应急处置的基本要求

第一，制定一套行之有效的"舆情发现—舆情通报部门处置—跟踪反馈"的热点应对机制，使学校能及时敏锐地把握涉及学校管理和建设中的突发性、苗头性、群体性问题，通过舆情的采集与通报，使相关职能部门做到"早发现、早处理、早反馈"，针对网上师生密切关注的焦点、难点、疑点问题，进行调查并及时给予答复澄清。

第二，制定网络突发舆情工作预案。针对各种类型的危机事件，制定比较详尽的判断标准和预警方案，做到有所准备，一旦危机出现便有章可循，对症下药。

第三，保持信息公开和信息的权威发布。权威信息的缺失会给小道消息的传播提供可乘之机。因此，当网上出现危机舆情时，要最大限度地公开信息，并通过职能部门对事件最新发展情况的权威发布，影响网络舆情的走向，如通过新闻发言人制度，既可以以此向公众传递权威信息，又将信息内容归口到"新闻发言人"这一权威信息源，从而使政府部门或学校在处理舆情危机时，掌握主动权，稳定人心。

第四，建立有效的应急处置联动机制。遇到重大突发事件，能够在短时间内调动和整合各种力量，形成联动和危机应对的合力。这对于提高处理违规网站的时效，及时应对突发热点能起到十分关键的作用。

（2）网络舆情应急处置的基本原则

在建立网络舆情应急处置机制的同时，面对一些突发网络舆情或网络舆论危机事件，高校有关部门、网络思想政治教育工作者、网络论坛的管理者和网络舆论当事人，都必须了解处理突发舆情时的基本原则。

第一，权责明确、依法处理原则。在处理网络舆论危机事件过程中，必须在坚持统一指挥的基础上，做到分工负责，责任到人。同时，必须遵循国家有关法律法规，做到有效合法地建立网络舆论危机处理的程序和步骤，形成科学的危机处理机制。

第二，控制事态、及时处理原则。及时处理是有效解决危机的关键。面对舆情突发事件要第一时间介入，迅速应对，立即启动相关突发事件的处理预案，明确指导思想，确定相关部门的工作职责和必要的处理方法，通过突发事件处理领导小组进行统筹协调，控制事态。

第二节　网络时代下思想政治教育教学模式的外在支撑

一、加强高校"网络＋教育"思想政治教育平台的建设

众所周知，"互联网＋"的发展是一个动态化的过程，但是在目前高校的"网络＋教育"思想政治教育模式中，互联网交流学习平台无法实现实时共享与互动的水平，同时还存在沟通不畅与通信受阻的问题，致使目前高校思想政治教育网络平台建设不足。因此，加强高校"网络＋教育"思想政治教育平台的建设不仅是解决这些问题的重要途径，更是"网络＋教育"模式下思想政治教育方法体系构建的重要策略之一。只有通过建设良好的"网络＋教育"平台，构建真正意义上的开放、互动、沟通、资源共享的交流平台，才能更好地增强师生之间的互动交流，使教师能够及时得到教学反馈，满足学生的个性化学习需求。在实践工作中，具体可以通过以下几个方面实施。

（一）构建多向互动交流平台

互联网技术在教育领域中的应用，不仅带动了教育形态的转变，而且也推动了课堂教学的创新与发展。互联网技术使得所有信息得到了全面的公开与共享，所以"网络＋教育"不仅仅是一种新型的教学模式，而且也是一种现代化的教育思维，利用互联网技术将教育领域中的优质资源进行深度整合，并且将其融入高校思想政治实践教学中，打破时空的限制与阻碍，打造一个"线上"加"线下"的多向互动交流平台，这不仅可以有效地打破传统教学中的壁垒，为师生之间的沟通、交流以及资源共享提供完善的平台，同时，还可以使学生能够真正不再受时间以及空间的限制而进行学习资源的获取、资料的查找等，这不仅是"网络＋教育"模式下思想政治教育方法体系构建的重要内容，更是提升现代高校思想政治教育质量与效率的重要途径。

（二）开创畅通诉求的舆论聚集平台

互联网技术在社会中的广泛应用，使得社会各个领域都实现了突破性的发展，这也为高校思想政治的"网络＋教育"模式的发展带来了较多的先进技术。所以，结合互联网平台以及在先进技术的支持下，高校思想政治教育要坚持以马克思主

义为指导，加强构建畅通诉求的舆论聚集平台，进而为大学生的诉求表达提供良好的平台，同时大学生还可以根据自身的学习状态与学习诉求在平台上及时发布消息，以此来激发他们学习与表达的欲望与兴趣，促进师生之间、同学之间的沟通与交流，这对于构建完善的"网络＋教育"模式有着重要的影响。

（三）注重信息共享与交流平台的建设

"网络＋教育"模式是基于现代先进互联网技术支持下形成的一种新型的教育模式与教育思路，不仅实现了线上教育与线下教育的完美融合，而且也实现了教育的互补与延伸。

二、注重培养与提升高校思想政治教育工作者的互联网综合素养

教育工作者不仅是实践教育的重要参与者，更是学生学习的引导者，所以对教育的效果与质量有着关键性的影响。而"网络＋教育"模式下思想政治教育方法体系的构建不仅需要教育工作者拥有丰富的理论知识与较高的教学水平，同时还要具备良好的互联网媒介素养，这样才能更好地面对复杂的网络环境，更好地推动"网络＋教育"模式的发展与应用。所以，针对高校思想政治教育工作者的现状，注重培养与提升高校思想政治教育工作者的互联网综合素养是解决相关困境，构建教育方法体系的重要路径之一。在具体实践工作中可以通过以下几方面实施。

（一）注重引导教育工作者思维与观念的转变，培养其网络意识与思维

良好的意识与思维是推动人发展与进步的重要内在驱动力，可见培养教育工作者网络意识与思维是提升其互联网综合素养的重要基础。因此，"网络＋教育"模式下思想政治教育方法体系建设中的教育工作者的意识与思维显得尤为重要，所以在实践教学工作中要以教师的专业能力与业务为基础，在信仰和学习基础理论和重要思想的支持下，加强教师的与时俱进思维观念的培养，以此来引导与影响教师能够正确地认识"网络＋教育"模式的优势与作用，进而推动其思维与观念的转变。

（二）注重培养教育工作者的媒介素养

网络时代背景下，不仅为社会各个领域的发展提供了先进的信息技术，同时

也提升了信息的传播速度。所以，"网络＋教育"模式下不仅要求教师能够从思维与观念上转变，还对教师对于信息的运用、处理、辨别能力，以及对于信息的解读能力等提出了更高的要求。互联网环境中，人们很容易在海量的信息冲击与影响下受到负面的影响，所以这就要求教师要注重培养其自身的媒介素养，进而能够帮助其合理地甄别大量的信息数据，为高质量的教学内容提供基础保障，避免出现价值观的偏差。可见，教育工作者媒介素养也是"网络＋教育"模式下思想政治教育方法体系构建的重要内容之一。

（三）注重培养思想政治教育工作者的信息技术应用能力

"网络＋教育"模式是基于信息技术的支持下诞生的一种新型教学模式，信息技术在这种教学模式中是关键因素，所以，教育工作者的信息技术应用能力会对"网络＋教育"模式下思想政治教育方法体系构建有着关键性的影响。因此，在网络时代背景下，要注重培养思想政治教育工作者信息技术应用能力，进而能够帮助教师紧跟时代发展步伐，随时能够适应与面对不断发展的新技术，这不仅对实现教育教学目标发挥着积极的作用，同时也对"网络＋教育"模式下思想政治教育方法体系构建有着重要的影响，这就需要教师在实践教学中能够接受"网络＋教育"模式的变化与发展，积极参与到"网络＋教育"的应用与发展过程中，积极去学习与探索信息技术的应用，逐步实现自身信息技术应用能力的全面提升，切实有效地推动"网络＋教育"模式下思想政治教育方法体系的构建。

三、注重"网络＋教育"模式下思想政治教育管理机制的建设与完善

完善的管理机制是开展一切教学工作的重要基础，高校思想政治教育管理就是对实践教学的开展进行全面系统的计划、调控、评估等，进而保证教学的有序开展，为教学目标的实现提供重要的保障。但是，"网络＋教育"模式下教育管理体系是一个动态化发展过程，所以教学管理机制要随之不断地转变、创新与完善。面对当前"网络＋教育"模式下思想政治教育方法体系构建中的困境，要注重"网络＋教育"模式下思想政治教育管理机制的建设与完善，具体实践工作可以通过以下两方面实施。

（一）构建严格与规范的教育监督管理机制

"网络＋教育"模式"延续"了互联网的开放性、共享性与包容性，不仅为高校师生的教学与学习带来了较大的便捷，同时也为当代高校思想政治教育带来了较大的发展机遇。但是，互联网中充满着海量的信息数据，既有对师生学习有利的优质教学资源，也充斥着大量的不良思潮与负面思想，由于大学生处于成长的关键时期，心智与思想还不稳定与成熟，极易受到这些思想的影响，不仅会影响教学效果，还会对大学生产生负面影响或造成错误的引导，所以这就需要构建严格与规范的教育监督管理机制来督导"网络＋教育"模式中的内容、大学生的网络学习行为等，同时还要将监督管理机制渗透到"网络＋教育"模式的各个环节中，有效地发挥其监督作用，进而实现"网络＋教育"模式下思想政治教育方法体系的构建。

（二）构建全面与完善的教育保障机制

"网络＋教育"模式下大学生的思想政治教育需要借助互联网技术来完成教学，所以构建全面与完善的教育保障机制不仅可以增强"网络＋教育"模式的教学优势，而且还可以促进高校教育的多学科融合，形成多元化有机统一的教学模式，为教师与学生提供更加丰富与优质的教学资源保障。同时，全面与完善的教育保障机制还可以增强社会各界、教育部门之间的联系与合作，形成全面的力量保障，为"网络＋教育"思想政治教育模式的应用与发展以及教育方法体系的构建提供有力支持。

参考文献

[1] 杨化. 新时代大学生思想政治教育理论与实践研究 [M]. 长春: 吉林大学出版社, 2022.

[2] 吴健作, 王祚桥, 胡慧远. 思想政治教育形象教育研究 [M]. 武汉: 武汉大学出版社, 2022.

[3] 李冰. 新时代大学生思想政治教育概述 [M]. 长春: 吉林大学出版社, 2022.

[4] 邵泽义. 新时代高校思想政治教育管理体系的构建研究 [M]. 镇江: 江苏大学出版社, 2022.

[5] 冯刚. 高校思想政治教育治理引论 [M]. 北京: 团结出版社, 2022.

[6] 吉爱明. 新时代大学生思想政治教育发展探索 [M]. 北京: 北京工业大学出版社, 2020.

[7] 赵芳. 思想政治教育 [M]. 呼和浩特: 远方出版社, 2004.

[8] 王瑞娜. 新时代思想政治教育个体价值及社会实践研究 [M]. 北京: 光明日报出版社, 2021.

[9] 谈娅. 新时代高校思想政治教育创新研究 [M]. 重庆: 西南师范大学出版社, 2021.

[10] 何宗元. 新时代思想政治教育协同育人原理与实践研究 [M]. 北京: 企业管理出版社, 2021.

[11] 薛政, 赵丹曦. 新时代背景下研究生思想政治教育高质量发展模式的构建 [J]. 大连大学学报, 2023, 44 (03): 117-122.

[12] 马晓辉, 裴毅. 新时代农科研究生思想政治教育工作探究 [J]. 成才之路, 2023 (17): 37-40.

[13] 陈翔. 新时代"三全育人"视域下高职院校学生管理与思想政治教育的融合

思考 [J]. 对外经贸，2023（05）：89-91.

[14] 薄建柱，赵梦园. 新时代高校网络思想政治教育创新研究 [J]. 华北理工大学学报（社会科学版），2023，23（03）：36-40.

[15] 农冠军，张莉. 新时代大学生思想政治教育人文关怀的核心要义、现实挑战和优化策略 [J]. 未来与发展，2023，47（05）：95-99，107.

[16] 韩伟. 新时代思想政治教育关系性价值取向的合理性探析 [J]. 马克思主义理论学科研究，2023，9（05）：105-114.

[17] 王小凤. 新时代高校思想政治教育改革的人文关怀向度 [J]. 高教学刊，2023，9（13）：171-174.

[18] 宇文利. 新时代思想政治教育学科的学术进路 [J]. 思想理论教育导刊，2023（04）：105-111.

[19] 李锐. 基于产出导向法的大学英语课堂教学实践研究 [J]. 黑龙江教师发展学院学报，2022，41（03）：142-144.

[20] 王焕梅. 社会主义经济体制改革理论的新突破——读《中共中央关于完善社会主义市场经济体制若干问题的决定》[J]. 石家庄经济学院学报，2004（04）：424-427.

[21] 马欣宇. 榜样教育在当代高校思想政治教育中的适用性研究 [D]. 石家庄：河北经贸大学，2023.

[22] 姜福镇. 高校网络思想政治教育话语权的建构策略研究 [D]. 南京：南京邮电大学，2022.

[23] 贾瑞. 新媒体时代大学生思想政治教育方法创新研究 [D]. 南京：南京邮电大学，2022.

[24] 崔金洋. 新时代思想政治教育话语转型研究 [D]. 南京：南京邮电大学，2022.

[25] 许敏. 大学生思想政治教育文化环境构建研究 [D]. 石家庄：河北科技大学，2022.

[26] 张煜. 新媒体视角下的大学生思想政治教育优化研究 [D]. 长春：吉林农业大学，2022.

[27] 石安妮. 全媒体时代大学生思想政治教育的机遇、挑战与对策研究 [D]. 保定：河北大学，2022.

[28] 曾伟. 新时代大学生思想政治教育获得感提升研究 [D]. 西安：西安理工大学，2022.

[29] 盛美慧. 工匠精神融入理工科高校思想政治教育路径研究 [D]. 西安：西安理工大学，2022.

[30] 张琳晶. 全方位育人视角下大学生思想政治教育问题及对策研究 [D]. 桂林：桂林电子科技大学，2022.